# 한영현 평전

부활하라, 녹두꽃의 상흔이여

초판 1쇄 발행일 2025년 6월 28일

기획 한영현열사추모사업회
엮은이 이용구
교정/교열 홍종혜
펴낸곳 도서출판 유심
펴낸이 이헌건
디자인 박정화

주소 경기도 남양주시 진접읍 해밀예당1로 295 2401동 1004호
전화 0505 625 7979
팩스 02 6007 1725
등록 제399-2021-000037호(2021년 6월 14일)

ISBN 979-11-87132-51-6(03810)

* 이 책은 저작권법에 따라 보호를 받는 저작물이므로 무단전재와 무단복제를 금합니다.
* 이 책 내용의 전부 또는 일부를 이용하려면 반드시 저작권자와
  [도서출판 유심]의 서면동의를 받아야 합니다.

* [달의뒤편]은 [도서출판유심]의 서브 브랜드입니다.

한영현 평전

부활하라, 녹두꽃의 상흔이여

한영현열사추모사업회

가장 멀리 간 사람들이
가장 가까운 데 있다
가슴속에

- 김주대

형 그동안 잘있었습니다
저는 작은 용기가 신선함을 뒤로 점점 긴장해지고
있습니다
사람의 사고와 현실의 실존과는 많은 차이가 있음을
뼈저리게 느끼고 있습니다
혹시 삶은 경험과 반성속에서 풍성해지는가 봅니다
형 우리의 삶이 굉장히 어렵여도 힘써서 살아갑시다
자신의 지키며 살아가는 형제들이 되기를 저는 바랍니다
진솔 남보다 산다는 삶이란 것은 무엇일까 하고 생각
해 보도 합니다 우리 형제들에게는 많은 연배들이
필요합니다
저는 여기에 와서 부응했어 인내함은 키워나가고 있습니다
우리 형제들이 다시 만났을때는 아마 예전과 같지는
않을 것입니다
다음에 다시 편지를 제대로 써서 보내드리겠습니다
     어무니 편지 좀 하라고 해 주십시요
     너무 짧은 글은 사과 드립니다
          오월 십일일 동생 영현이가

차례

	발간사	8
	추천사	11
	서문 **희미한 기억을 따라가는 길**	20

길놀이

장마	26
강제징집	27
입영	34

제1장 사상좌 춤

클라리넷, 교회 그리고 낚시	40
갈등과 출구	46
냉정과 열정사이	51

제2과장 제1경 팔목중춤

무림, 학림, 부림 사건-탄압의 시대	56
안기부, 보안사, 경찰- 탄압기제	60
모색	63
탈춤과 연탈	66
한양민속문화연구회	70

제2과장 제2경 법고춤

수업, 논쟁, 그리고 친구들	74
국풍81과 저항의 시대	78

제3과장 사당춤

세미나	86
농활과 합숙	89
끌려가는 학생들	94
연탈 세미나, 노동 야학	101
운동 탈반	105

불림 낙양동천이화정

녹두꽃	110

제4과장 제1경 노장춤

학회와 조직 개편	120
공대이전 반대 시위	122
수배	127
연행	131

제4장
제2경 신장수 춤

조사	140
반전	142
연탈 수사	146

불림 소상반죽 열두마디   149

강제징집과 녹화사업	150

제4장
제3경 취발이 춤

207 보안부대	160
진술서	162

제5장
사자춤

유인물배포	170
녹음테이프	174
시간차 시위작전	179

불림 흑운이만천천불견   185

그날의 조각들	186

제6장
양반춤

체육대회연습	192
편지	196
활용 공작	199
포상휴가	204
친구들	208

불림 그러면 그렇지 영락 아니면 송락이라   213

심사와 활용, 프락치 공작	214

제7장
미얄춤

귀대	220
푸르던 청춘	225
그다음 이야기	230

불림 월락오제상만천

영현형에 대한 40주년 추모를 바칩니다	236
강제징집 녹화사업 철폐운동과 진상규명	237
한영현 추모사업회 활동	247
글을 마무리하며	259
엮은이의 말 **천개의 바람**	262
일러두기	265
한영현 관련 일지	266
사진으로 남은 한영현	268
한영현 열사 관련 자료	276

발간사

녹두꽃의 상흔,
한영현의 영전에 바칩니다

1983년 7월, 한양대학교 한영현. 스물한 살의 청년이 세상을 떠났다. 같은 해 5월에는 성균관대 이윤성이, 6월에는 고려대 김두황이, 8월에는 동국대 최온순이, 12월에는 서울대 한희철이 세상을 떠났으며, 1년 전인 1982년 7월에는 연세대 정성희가 먼저 세상을 등졌다. 이들 여섯 명은 모두 전두환 정권에 맞섰고, 그로 인해 전방 사단으로 강제 징집되어 짧은 군 생활을 했다. 그들은 1980년대 초 민주화운동의 비극적인 초석이었다.

한영현이 대학생으로 살았던 시기는 전두환이 광주민주화항쟁을 무력으로 진압하고 정권을 장악한 암흑의 시대였다. 1981년, 한영현은 대학 1학년이었다. 그는 광주의 진실을 말하고, 전태일을 이야기하며, 살인마 전두환 정권의 타도와 민중해방을 외쳤다. 어디서, 어떻게 살아야 할지 모르는 혼란 속에서도 그는 실천을 통해 이 정권을 무너뜨리고자 했고, 그렇게 자신의 삶을 민주화운동에 던졌다. 교내 탈춤반 활동, 학교 밖의 연합 활동, 야학 활동 모두 그의 저항이자 실천이었다.

하지만 정권은 그를 끝내 용납하지 않았다. 1983년 초, 성동경찰서는 한영현을 연행하여 조사를 벌였고, 4월 2일에 그는 강제 징집되었다. 전방 부대에서의 짧은 군 생활 동안, 그는 보안사와 성동서의 반복된 강압수사와 심리적 압박, '녹화사업'과 프락치 강요에 시달렸다. 정신적으로, 육체적으로 피폐해진 끝에 그는 마침내 버티지 못했다. 그리고 1983년 7월 2일, 군 안에서 취할 수 있는 가장 극단적인 저항의 형태로 생을 마감했다. 그 죽음은 단순한 개인의 비극이 아니라 한 청년의 마지막 선택이자, 더 이상 물러설 수 없었던 시대의 목소리였다.

한영현과 1980년대 초의 학생운동은 결코 헛되지 않았다. 1980년부터 1983년까지, 학생운동은 구속자가 1,000명을 넘고 강제징집자도 1,000명을 넘는 등 거대한 희생을 치렀다. 이러한 피맺힌 투쟁은 마침내 1983년 12월 '학원자율화 조치'라는 형태로 학원민주화의 단초를 마련했고, 이 흐름은 1987년 6월 항쟁으로 이어졌다.

또한 한영현을 비롯한 강제징집 녹화사업 피해자 여섯 명의 죽음과, 이를 규명하고자 했던 학생·종교·시민사회의 연대는 전두환 정권을 압박했다. 이에 따라 1984년 4월, 정권은 강제징집 제도를 철폐했고, 같은 해 12월에는 녹화사업을 공식 폐지했다. 이로써 학생들은 징집의 공포에서 벗어날 수 있었고, 군에 남아 있던 강제징집자들도 무사히 복무를 마치고 사회로 돌아올 수 있었다.

한영현이 우리 곁을 떠난 지 42년이 흘렀다. 1994년에는 한양대학교에 추모비가 세워졌고, 자료와 증언을 모아 추모집이 발간된 지도 30년이 지났다. 이후 의문사진상규명위원회의 조사보고서, 국방부 과거사진상규명위원회의 '강제징집·녹화사업 진상조사보고서', 기무사의 한영현 존안 자료 일부 공개, 진실·화해를 위한 과거사정리위원회의 '대학생 강제징집 및 프락치 강요 공작 사건' 결정문 등이 나오면서 강제징집과 녹화사업, 군 내 의문사에 대한 진상이 부분적으로나마 밝혀지기 시작했다.

그간 확보된 자료를 토대로 한양대 학생운동사 속 한 장을 한영현에게 할애하려는 논의가 있었고, 동생의 동의와 제안에 따라 본 평전 작업이 시작되었다.

2023년 11월에 착수한 작업은 순탄치 않았다. 40여 년이라는 시간의 벽 그리고 1980년대 초 정권의 폭압 속에서 서로의 활동조차 쉽게 공유할 수 없었던 현실은 한영현의 삶을 복원하는 데 큰 장벽이 되었다. 당시 그를 조사하고 탄압했던 성동경찰서와 보안사 관계자들은 증언을 회피했고, 기무사의 존안 자료도 핵심이 빠진 채였다. 우리는 퍼즐 조각처럼 흩어진 단서들을 하나하나 맞춰가며 그의 삶의 궤적을 추적했다.

이 평전은 한영현의 어린 시절과 대학 시절, 학생운동 참여 그리고 강제징집과 녹화사업을 겪으며 마주한 내면의 갈등을 담고자 했다. 동시에 1980년대 강제징집 녹화사업의 비인간성을 드러내고, 그에 대한 진상규명 과정까지를 기록하고자 했다.

한영현을 포함해 1980년대를 살아낸 이들의 치열한 삶 전부를 담기엔, 이 기록은 분명 부족하다. 그러나 우리는 그 부끄러움을 감수하고, '녹두꽃'의 상흔으로 남은 한영현에게 이 책을 바친다.

강제징집 녹화사업, 당신의 육신과 영혼을 찢는다 해도
어둠을 뚫고 시대를 넘어 부활하라. 녹두꽃의 상흔이여.

2025년 6월
한영현열사추모사업회

추천사

부조리한 세계에 맞선 실천의 궤적들

인간의 삶 자체가 부조리합니다. 개인적으로든, 집단적으로든 이상을 꿈꾸지만, 이루어지지 않기에 우리는 늘 현실과 괴리를 절감합니다. 이 부조리를 인식하고 이를 메우고자 행동하는 데서 인간의 실존이 시작됩니다. 그러기에 현실에 발을 디디고 불가능한 꿈을 꿀수록 우리의 실존은 치열해집니다.

80년 서울의 봄과 5월 광주민중항쟁을 총칼로 짓밟고 집권한 전두환 정권은 형식적 민주주의조차 압살한 채 사상과 표현의 자유를 억압하며 야만적인 군사독재를 감행하였습니다. 민주주의를 외치던 많은 인사들이 고문을 당하고 구속되었습니다. 사상과 표현의 자유를 생명으로 하는 진리 탐구의 실천 도량인 대학에서는 당연히 이에 맞서는 운동이 벌어졌습니다. 많은 학생이 언더(비합법적 비밀단체)든 오픈(합법적 단체)이든 조직하여 민주화와 민중해방을 요구하며 투쟁하였습니다.

한영현은 새내기부터 살인마 전두환 정권을 타도하고 조국의 민주화와 평등한 세상을 달성하자고 이야기했습니다. 학내에서는 탈반에 들어가 동료들과 밤을 하얗게 지새우며 시국에 대해 토론하였습니다. 학교 밖에서는 전국 대학의 탈반들과 연대를 맺고 야학에 나가 학생들에게 세상을 올바로 보도록 가르치며, 능력을 다하여 전두환 정권에 균열을 내는 일을 하였습니다.

하지만 국민들을 철저히 통제해야만 권력 유지가 가능했던 전두환 정권은 학생운동 세력을 치밀하게 감시하고 가혹하게 통제하고 탄압하였습니다. 수많은 학생이 잡혀가서 고문당하고 구속되거나 군대에 끌려갔고, 그중 적지 않은 이들이 의문의 죽음을 당하였습니다.

한영현도 강제로 징집되어 한 청년으로서는 도저히 견디기 어려운 괴롭힘과 압박을 군 내에서 받았습니다. 정권은 그렇게 의지가 굳던 청년이 프락치에 가담할 수밖에 없도록 만들었습니다.

결국 한영현은 1983년 7월에 스물한 살이라는 꽃다운 나이로 삶을 마감하였습니다. 설혹 그것이 스스로의 선택이라 하더라도 그것은 전두환 정권의 억압구조, 보안사와 성동서의 강압수사, 이어지는 녹화사업과 프락치 강요에 의한 사회적 타살입니다.

그렇게 여리디여린 꽃은 채 피지도 못하고 졌습니다. 1,000명이 넘는 학생들이 구속되고 강제징집을 당하였고 여섯 명이 의문의 죽음을 당하였습니다. 그 자리에서 피를 머금고 민주주의의 싹이 자라 가까이로는 학원 민주화를 이루고 마침내 87년 6월 항쟁을 계기로 커다란 숲을 이루었습니다.

우리는 피로 민주주의를 지킨 영령들에게 커다란 빚이 있습니다. 지금의 자유가 영령들의 희생 덕분인데, 우리는 그 빚을 수십 년이나 연체하고 있습니다.

어느덧 한영현이 떠난 지 42년이 되었습니다. 1994년에 추모비를 세우고 추모집을 발간하고서도 또 30년이 흘렀습니다. 너무도 자료가 부족하고 어려운 상황 속에서도 한영현의 아우 되시는 분과 작가 이용구님, 이문범님을 비롯한 한영현열사추모사업회 여러분의 노력 덕분에 늦게나마 평전을 출간하게 되었습니다.

어린 시절부터 청년기를 거쳐 죽음에 이르기까지 짧은 생의 순간에 이루어진 기억의 주름과 고통과 번민의 깊이를 우리는 이루 다 헤아릴 수 없습니다. 하지만 한영현이라는 한 인간이 자기 앞의 세계의 부조리에 맞서서 그때마다 어떻게 이를 인식하고 지향하고 결단하여 실천하였는지에 대한 궤적들을 잘 추적한 평전이라 생각합니다. 그분들의 노고에 감사드립니다.

이 평전으로도 한영현에게 진 빚은 1만 분의 1 정도밖에 갚지 못할 것이라 생각합니다.

성찰이 없는 과거는 미래가 됩니다. 민주화 영령들의 희생으로 산업화와 민주화를 동시에 이룩한 제3세계의 위상을 누렸지만, 87년 체제는 한계와 힘을 모두 가지고 있습니다. 그리하여 박근혜, 윤석열 정권의 독재를 두 차례나 겪었고, 이를 모두 시민의 항쟁으로 몰아내고 다시 민주주의를 되찾았습니다.

이제 다시는 독재가 꿈도 꾸지 못하고 시민의 주권이 확고하게 보장되는 새로운 민주주의 체제를 만들어야 할 것입니다. 기후위기와 불평등의 극대화, 패권의 변화와 전쟁의 위기 등의 복합위기는 여러 원인이 있지만 근본 원인을 추적하면 모두 신자유주의 체제로 귀결됩니다. 우리는 신자유주의 체제를 넘어 모든 노동자와 민중이 존엄하고 평등한 새로운 사회를 건설해야 합니다. 현실에 굳건히 발을 디디되, 새로운 사회에 대한 꿈을 꾸지 않는다면 우리의 삶은 무력함과 진부함, 권태로움으로 점철된 나락에서 벗어나지 못하리라 봅니다. 한영현의 영전에 새로운 사회와 민주주의에 대한 꿈을 향해 견결하게 나아가는 실존을 행하겠노라는 다짐을 이 책과 함께 바칩니다.

이도흠(국문학과 79학번)_백기완재단 통일문제연구소 소장

추천사

과거를 기억하고,
미래를 모색하는 소중한 계기

길고 험난했던 지난 6개월간의 소란스러운 시간이 어느 정도 마무리되고 평온을 되찾기 시작한 6월, 뜻깊은 소식이 들려왔습니다. 바로 한영현 선배님의 삶과 정신을 기리는 평전이 세상에 나오게 되었다는 것입니다.

선배님의 삶을 기리는 평전이 출간된다는 사실은 정말 반가운 일이지만, 한편으로는 너무 늦게 나온 것이 아닌가 하는 아쉬움과 죄송한 마음이 드는 것도 사실입니다.

1984년, 제가 대학에 처음 발을 디뎠을 때 한영현 선배님은 이미 학내에서 전설적인 존재로 남아 있었습니다. 그분은 저희보다 먼저 시대의 거대한 벽에 맞서 싸우셨고, 짧았지만 강렬했던 생애 동안 잊을 수 없는 깊은 발자취를 남기셨습니다. 마치 횃불처럼, 어두운 시대에 한 줄기 빛을 던져주신 분이었습니다.

이번에 출간된 평전은 단순한 개인의 기록을 넘어섭니다. 국가 권력에 의한 강제징집과 녹화사업이라는 이름으로 자행된 폭력이 한 젊은이의 인생을 어떻게 짓밟고 파괴했는지, 그 생생한 과정을 보여줍니다. 한영현이라는 한 개인의 이야기를 통해, 우리는 그 시절 국가 권력이 얼마나 무자비하게 젊은이들의 자유와 양심을 억압했는지 똑똑히 목격할 수 있습니다.

마치 역사의 증언과도 같은 기록입니다. 오늘날 우리가 당연하게 누리는 이 민주주의는 그냥 얻어진 것이 아닙니다. 수많은 사람의 고통과 희생, 눈물과 땀 위에 세워진 소중한 가치입니다.

바로 이러한 역사의 아픈 교훈을 잊지 않고, 다시는 똑같은 비극이 되풀이되지 않도록 끊임없이 제도를 개선하고, 사회 감시망을 촘촘하게 만드는 것이 우리들의 역할이라고 생각합니다. 과거를 잊는다면, 우리는 같은 잘못을 되풀이할 수밖에 없습니다.

저는 이 평전이 우리 사회가 과거를 돌아보고, 더 나은 미래를 위한 제도적 변화를 모색하는 소중한 계기가 되기를 진심으로 바랍니다. 그리고 더 많은 시민이 한영현이라는 이름 석 자를 통해 정의와 양심의 참된 가치를 다시 한 번 되새기기를 소망합니다.

이 책을 통해, 많은 사람이 잊힌 역사의 한 페이지를 기억하고, 현재를 살아가는 우리에게 주어진 책임을 깨닫게 되기를 바랍니다.

김병욱(법학과 84학번)_20대·21대 국회의원

추천사

한영현 선배의
영전에 바치는 한 송이 꽃

40년 전, 1985년 한마당은 매캐한 최루탄 연기와 함성이 가득했다.
나는 대학 1학년이었다. 군홧발에 짓밟힌 한반도는 소리 없는 통곡의 바다였다. 광주가 그랬고, 녹화사업으로 희생되어 흑백사진 한 장으로 남은 영현이 형이 그랬다. 저항하는 시민은 폭도라는 멸칭으로 불렸고, 저항하는 학생들은 굴비 엮듯이 끌려갔다. 요주의인물로 낙인찍힌 학생들은 불법 연행과 강제 군입대로 우리 곁에서 사라졌다. 그리고 보안사에 의한 녹화사업으로 프락치를 강요받았다.
이런 패륜적 공작에 맞서 학생운동가들은 실존적 번민 속에서 국가폭력에 저항했고, 때로는 죽음으로 항거하였다. 저항은 학생운동가들이 맞닥뜨릴 수밖에 없는 숙명이었다. 그래서 우리는 '사랑도 명예도 이름도 남김없이' 노래 가사를 읊조리며 장렬한 삶을 다짐하였던 것이 아닌가!

영현이 형이 떠난 지 4년 뒤, 6월항쟁으로 민주화가 이루어졌다. 그리고 몇 차례의 정권교체를 통해 대한민국의 민주주의는 견고하게 정착된 것처럼 보였다. 그 세월 동안 우리 모두 많은 우여곡절이 있었지만 대한민국 민주주의의 후퇴를 의심한 적은 없었다. 민주주의는 공기처럼 자연스러운 것이라고, 민주화는 우리 청춘 시절의 추억담 정도로 치부하고 살았다.

하지만 지난 2024년 12월 3일 늦은 저녁, 우리는 충혈된 눈의 독재자가 계엄을 선포하고 무장한 군인들이 국회에 난입하는 장면을 실시간으로 목도하였다.
아차! 방심의 그늘 속에서 자라난 음습한 독재의 습격을 받은 것이었다.

누구도 잠을 이룰 수 없었던 그날, 실존적 결단 속에서 국회로 모여든 수많은 시민이 계엄군과 대치한 덕분에 국회는 계엄 해제를 의결할 수 있었다.

12월 3일 내란과 함께 국회 앞과 광화문광장을 가득 채웠던 촛불은 이제 '빛의 혁명'이라는 자랑스러운 이름으로 불린다. 빛의 혁명은 남태령투쟁과 한남동 키세스군단으로 이어졌고, 드디어 4월 4일 대통령 파면을 이끌어냈다.

헌법재판소는 판결문에서 '시민의 저항과 군인들의 소극적인 임무 수행 덕분'에 민주주의를 지킬 수 있었다고 명시하였다.

80년 광주의 경험과 80년대 열사들의 외침, 이를 잊지 않겠다는 다짐이 그날 늦은 저녁 시민들을 국회로, 광장으로 불러낸 것이었다. 한강 작가의 말대로 죽은 자가 산 자를 살려낸 것이다.

내란을 진압하고 백척간두의 위기에서 민주주의를 지켜낸 지금, 강제징집으로 희생된 한영현 선배의 삶과 죽음을 한 권의 책으로 펴낸다니, 참으로 의미있는 일이다.

민주주의는 결코 물처럼 공기처럼 자연스럽게 주어지는 것이 아니다.

음수사원(飮水思源). 한 모금의 물을 먹더라도 그 물이 어디서 온 것인지 근원을 잊지 말라는 뜻이다. 민주주의가 바로 그렇다.

80년대를 살아온 우리들이 기억하는 것처럼 민주주의라는 단어에는 피의 냄새가 섞여 있다. 민주주의는 인간 존엄의 사상이며, 매 순간 실존적 결단과 현장성을 바탕으로 내용을 확장해 나가는 현재진행형 이념이다.

한영현 선배의 평전이 나오기까지 고생한 선후배들의 노고에 감사한다. 멀리서나마 선배의 영전에 꽃 한 송이를 바친다.

박승원(국문학과 85학번)_광명시장

추천사

그 이름, 잊힐 수 없는 약속

한영현 선배님의 삶과 정신을 담은 평전이 세상에 나오게 된 뜻깊은 순간에, 민주시민이자 후배의 한 사람으로서 깊은 존경과 함께 뭉클한 감회를 전합니다.

선배님께서 민주주의의 가치를 지키기 위해 치열하게 싸우셨던 그 시대는 제게 오랫동안 과거의 역사로만 존재해 왔습니다. 그러나 이번 평전을 통해 선배님의 삶이 시대를 관통하며 지녔던 고뇌와 용기 그리고 그 이면에 깃든 아픔을 깊이 있게 마주할 수 있었습니다.

한영현 선배님은 단지 대학 캠퍼스를 거닐던 평범한 학생이 아니었습니다. 민족과 민중을 위한 예술을 꿈꾸고, '녹두꽃'을 함께 부르며 현실에 참여하고자 했던 실천적 지식인이었습니다. 하지만 당시 정권의 '녹화사업'이라는 국가 권력의 폭력 앞에서 선배님은 상상을 초월하는 고통과 시련을 겪어야 했습니다. 육체적 손상은 물론, 동료를 밀고하도록 강요받는 상황에서 느꼈을 정신적 고뇌는 이루 말할 수 없는 것이었으리라 생각합니다.

이 책은 한 개인의 비극을 넘어, 진실은 무엇인가라는 물음을 끊임없이 던지며, 우리가 잊지 말아야 할 역사와 반드시 직면해야 할 과제를 제시합니다.

청산되지 않은 역사는 반복되기 마련입니다. 윤석열에 의해 자행된 불법 비상계엄은, 과거의 권위주의가 여전히 다양한 모습으로 재현될 수 있음을 보여주는 단적인 사례입니다. 과거의 실패와 폭력을 망각하는 순간, 우리는 다시 그 길로 되돌아갈 위험에 처하게 됩니다.

오늘 민주주의의 승리는 결코 우연이나 자연발생적인 결과가 아닙니다. 그것은 한영현 선배님처럼 먼저 길을 내어주신 분들의 결단과 헌신이 있었기에 가능한 일이었습니다. 우리는 선배님께서 지키고자 했던 '민주'와 '정의'의 가치를 계승하고, 이를 보다 투명하고 정의로운 제도로 구현해 나가야 할 의무가 있습니다.

때로는 현실의 벽 앞에서 주저하기도 하지만, 선배님의 삶이 보여준 뜨거운 이상과 꺾이지 않는 신념은 여전히 우리 사회를 비추는 등불이자 이정표로 남아 있습니다.

이 책이 더 많은 분에게 읽히고, 선배님의 정신과 뜻이 오래도록 기억되기를 진심으로 바랍니다. 아울러 우리 사회가 다시는 이와 같은 비극을 반복하지 않도록, 이 책이 역사의 교훈을 되새기고 미래를 향한 성찰과 다짐의 계기가 되기를 간절히 소망합니다.

박상혁(법학과 94학번)_21대·22대 국회의원

서문

희미한 기억을 따라가는 길

　1984년 여름, 2학기 개강을 앞두고 학교에 들렀던 날, 나는 한영현 선배의 이름을 처음 접했다. 공대 시계탑 앞에서 우연히 만난 동기가 건넨 유인물에는 당시의 시대상을 반영하는 듯, 어슴푸레한 내용들 사이로 '한영현'이라는 이름 석 자만이 또렷하게 각인되었다.

　그 유인물은 군대라는 폐쇄된 공간에서 벌어진 비극적인 사건을 담고 있었다. 학생운동에 참여하다 강제징집된 탈춤반 출신의 한 공대생, 그가 한영현 선배였다. 현장에서 발견된 총기는 그의 것이 아니었음에도, 해당 부대에서는 이틀 만에 서둘러 화장을 진행했다. 그의 유골은 화장장 근처 야산에 뿌려버렸다.

　대학 신입생 시절, 나는 가능한 한 많은 책을 읽고자 도서관을 자주 찾았다. 하지만 그곳에는 '금서'로 분류되어 대출이 불가능한 책들이 있었다. 교양으로 인문·사회 계열의 과목을 수강하는 것 또한 금지되었다. 공대 건물 밖, 다른 단과대학은 어떤 곳인지 호기심에 기웃거리던 시절, 인문관에 올라갔을 때 뜻밖의 얼굴과 마주쳤다. 인문관 1층 경비실에서 나온 사람은 다름 아닌 동네 선배였다. 그는 전투경찰로 입대했다가 성동경찰서에 특채된 인물이었다.

자판기에서 커피를 뽑아 건네며 그는 싱겁게 웃었다. 교직원처럼 말끔한 차림이었지만, 경찰 말단 직원이 왜 그곳에 있었는지 짐작할 수 있었다. 대학 내에 경찰이 상주하던 시절이었으니까.

내가 입학할 당시 공대는 계열별로 학생을 선발했고, 2학년이 되면서 각자 원하는 19개 학과 중 하나를 선택해 진학하는 시스템이었다. 각자 원하는 과가 정해졌을 무렵, 우리 반 아이들끼리 조촐한 송별회를 열었다. 평소 친하지 않던 한 친구가 술에 취해 가까운 거리에 앉은 몇에게 털어놓은 이야기는 충격적이었.

집안 형편이 어려운 그는 학생처에서 장학금을 받고 있다고 말했다. 그런데, 장학금 지급 조건이 정기적으로 학생들의 동향을 보고하는 것이라는 고백이었다.

"…나는… 너희 누구에 대해서도 아무런 보고도 하지 않았어…."

끝내 그는 눈물을 보였다.

우리 모두 평범한 공대 1학년생이었기에 문제가 될 만한 사람은 없었다. 공개된 독서 동아리(그때는 '서클'이라고 불렀다)에 가입한 몇몇이 있었지만, 그들의 관심사는 남학생들만 우글거리던 공대에서 벗어나 타 단과대학의 여학생들을 만나는 것에 대한 순진한 흑심 정도였다.

하지만 나는 그 친구의 눈물이 의미하는 바를 알 수 있었다. 누군가를 감시하는 일로 장학금을 받았으며, 그래야만 학업을 이어갈 수 있다는 사실이 평소 조용하던 그에게는 견딜 수 없는 불편함이었을 것이다.

내가 겪은 80년대는 암울했다. 광주민중항쟁의 기억이 지배하고 있었다. 1984년 학원자율화 조치가 시행되면서 학내에 상주하던 경찰들이 철수했고, 대학가는 비로소 숨통이 트이기 시작했다.

다시 한영현 선배의 이름이 공개적으로 거론되기 시작했다. 그의 죽음에 대한 진실을 밝혀야 한다는 목소리가 높아졌다. 1985년, 교내 학생회관 앞 한마당에서 열린 '삼민투위' 발족식에서 사학과 81학번 오현진 선배는 한영현 선배의 추모식을 함께 진행했다.

학내에 한영현 선배의 추모비가 세워졌고, 해마다 많은 선후배들이 모여 추모식을 거행하고 있다. 나는 2021년, 한영현 선배 38주기를 맞아 이천 민주화운동기념공원에 가묘를 세웠던 안장식에도 참여했다.

2023년 가을, 사학과 81학번 이문범 선배로부터 전화가 왔다. 그날의 통화는 또 다른 기억의 조각들을 끄집어내는 시작이 되었다.

문범 선배는 늦었지만 한영현 선배의 평전을 만들어 보자는 제안을 했다. 처음엔, 91학번 후배 한정혜 작가와 함께 이 일을 진행하려 했다. 그러나 정혜는 소위 '한총련 세대'라 80년대의 분위기를 잘 알지 못했다. 대학 내 경찰 상주, 강제징집과 녹화사업으로 이어지는 당시의 분위기를 그나마 일부 몸으로 겪어본 내가, 능력이 부족했지만 일을 떠맡았다. 제일 먼저 문범 선배가 보내준 광범위한 분량의 자료부터 읽기 시작했다.

한영현 선배가 대학에 입학할 무렵인 1981년은 광주민주화운동 직후로 신군부에 대한 저항이 본격적으로 시작된 시기였다. 당시 정부는 안기부, 보안사, 경찰을 총동원하여 대학가를 감시했다.

이런 시대상황 속에서 한영현 선배는 사회 문제에 대한 깊은 고민을 키워갔다. 가슴이 뜨거웠던 만큼 학생운동과 문화운동을 거쳐, 노동운동으로 투신하려는 생각이었다. 그러나 1982년 말, 교내 시위 배후로 지목되면서 경찰의 추적을 받기 시작했고, 1983년 3월 말 결국 자택에서 연행되어 강제징집되었다.

보안사령부는 강제징집된 학생들을 프락치로 이용하기 위해 사상 전향을 강요했다. 한영현 선배도 보안부대에서 심한 폭력에 시달리며 조사를 받았다. 이 과정에서 동료들의 활동을 진술한 녹음테이프가 있다는 증언도 나왔다. 신병 휴가를 나온 그는 지인들에게 죄책감과 프락치 활동 강요에 대한 압박감을 털어놓았다. 지인들은 그에게서 청력 손상이나 묶인 흔적 등 보안사의 고문으로 인한 흔적을 보았다.

휴가에서 복귀한 한영현 선배는 1983년 7월 2일, 훈련 중 주검으로 발견되었다. 그의 죽음은 개인의 고뇌를 넘어, 녹화사업이라는 국가의 폭력으로 한 개인이 얼마나 철저히 파괴될 수 있는지를 보여주는 비극이었다.

이 작업에서 내가 마주한 가장 큰 어려움은, 한영현 선배의 흔적을 좀처럼 찾을 수 없었다는 점이다. 그의 활동은 학교와 탈춤반 연합 그리고 노동운동의 경계를 오갔고, 바로 그 교차 지점에서 그의 흔적은 마치 소실점처럼 사라졌다. 자기관리에 철저했던 그는 많은 개인 자료를 스스로 없애버렸다. 남은 것은 탈춤반 시절의 사진 몇 장뿐. 지인들의 기억 속에 흩어진 그의 모습을 더듬어 복원하는 일은 쉽지 않았다.

경찰과 군, 보안사를 통해 얻은 자료들도 한영현의 산화 후 교체되거나 뒤늦게 작성된 것으로 추정한다. 국방부에 요청하여 받은 보안사 존안자료도 185페이지 중 64페이지나 누락되었다. 한영현 선배의 죽음은 80년대 한국 사회의 어두운 현실을 생생히 드러낸다.

국가 권력의 감시와 통제 아래서 쓰러진 한 젊음의 기록이지만, 40년이 지난 2025년 현재까지도 한영현의 죽음과 관련한 실체적 진실은 정확히 밝혀지지 않았다.

 한 개인의 삶을 이렇게 짓밟았던 거대한 힘 앞에서 우리는 왜 계속 진실을 추적하고 기억해야 하는가. 희미한 기억의 길을 따라가며, 나는 이런 질문을 수없이 되뇌었다. 그 이유를 찾아가는 과정을 여기에 기록하고자 한다.

엮은이

첫째 마당 길놀이

장마

새벽부터 비가 내리고 있었다.

대대 방어훈련 거점인 화천 상서면 산양리 백암산 어두운골. 수목이 울창한 중산간 지대라 낮에도 빛이 들어오지 않아 그 이름만큼 스산하다. 구름 한 자락이 비를 긋는 듯 건너편 능선에 걸려있다. 축축한 한기가 느껴졌다.

분대에서 떨어져 혼자 찾아온 토굴 같은 참호 천장에 툭툭거리며 떨어지는 빗소리가 무겁다.

담배를 한 모금 깊숙이 빨아들이고 긴 한숨처럼 후~ 하고 내뱉어 본다. 내가 알던 모든 세상이 다 나를 탓하는 듯 씁쓸한 맛이 난다.

군복 주머니에서 수첩과 성냥, 명찰을 꺼내 바닥에 놓고 실탄을 M16 소총에 장전했다.

'철컥' 하고 노리쇠가 걸렸다. 마음을 다잡으려 다시 한번 담배를 빨아들였다. 담배 끝에서 담뱃불이 잠깐 밝게 번득이다 스러진다. 내뿜은 담배 연기는 축축한 대기와 만나 휘돌아 말리며 올랐다.

그 속에서 그리운 얼굴들이 스쳐 지나간다. 탈춤을 추던 문리대 앞 잔디밭이 언뜻 보였다. 주마등처럼 떠오르는 기억을 애써 외면하며, 피우던 담배를 참호 총안구 위에 올려놓았다.

참호 담벼락에 기대앉아 총구를 입에 물었다. 쇠 비린내와 기름 냄새가 훅 끼쳐온다. 이빨 끝에 차가운 금속이 물려 거칠다. 모든 준비가 끝났다.

잠시 정적이 몰려왔다.

방아쇠에 걸친 오른손이 떨렸다. 손에 힘이 들어가는 순간, 짧고 둔탁한 탕 소리와 함께 총알이 입천장을 뚫고 뒷머리를 부수며 지나갔다. 새들이 놀라 날아올랐다.

찢어진 살점과 바스러진 뼛조각, 회백색 뇌수가 뒤범벅되어 붉은 선혈과 함께 산병호(산병이 전투에 이용하기 위하여 판 참호)로 흩뿌려졌다. 담벼락에 기대어 있던 몸은 무너지지 않았지만, 격발 반동으로 소총이 퉁겨져 몸의 오른쪽으로 떨어졌다.

1983년 7월 2일 오전 9시 45분, 소나무 가지가 흔들리며 참호 지붕 위로 후드득 빗물을 흩뿌렸다. 긴 장마가 시작되었다.

강제징집

1983년 3월 31일, 한밤중. 한영현은 굳게 닫힌 성동서 정보과의 문턱을 넘었다. 형사들의 거친 손길에 이끌려 들어가는 그의 어깨는 굳어 있었다. 싸늘한 형광등 아래, 그림자처럼 드리워진 형사들의 눈빛은 매서웠다. 영장 없는 연행. 앞으로 닥쳐올 일들에 대한 불안감이 그의 심장을 짓눌렀다. 젖은 솜처럼 무거운 침묵이 그를 덮쳤다.

다음 날 새벽, 영현은 같은 학교 탈춤반 동료 이태문이 성동서로 끌려오는 장면을 목격했다. 거의 같은 시각, 부산에서 지도 휴학 중이던 원두영도 영도경찰서 정보과 형사들에게 연행되었다.

이태문은 형사들에게 둘러싸여 들어왔다. 그의 얼굴에는 당혹감과 두려움이 뒤섞여 있었다. 눈을 맞추지는 않았지만, 서로의 얼굴을 훔쳐보며 앞으로 닥칠 일을 생각했다.

'우리 모두, 강제징집 당하는 거야….'

그 절망적인 예감이 두 사람의 머릿속을 동시에 관통했는지 서로의 눈빛에서 같은 체념을 읽었다.

영현은 어린 시절 결핵성 늑막염을 앓았다. 국민학교 3학년 무렵 한 달간 입원 치료를 받았고, 8개월 가까이 등교하지 못했다. 수업일수가 부족해 진급이 어려웠지만, 어머니의 간청 끝에 겨우 4학년으로 올라갈 수 있었다. 이후에도 격한 운동을 하면 숨이 쉽게 차오르곤 했다. 태문은 영현의 신체검사 시기를 기억하진 못했지만, 분명히 '병' 등급을 받아 징집 대상이 아니었다는 건 알고 있었다.

성동서 정보과 형사들 역시 처음에는 영현이 징집 대상이 아니라고 판단했던 듯하다. 그는 4월 1일 아침, 경찰서에서 풀려났다. 집으로 돌아왔지만, 곧 성동서에 연행된 친구들의 강제징집 소식이 들려올 것 같아 마음이 편치 않았다. 묘한 안도감도 잠시, 불안감은 더욱 커져갔다.

그날 저녁, 형사들이 다시 들이닥쳤다. 분위기가 심상치 않았다. 한 형사가 말했다.

"너 못 잡았으면 큰일날 뻔했지."

주변 형사들도 안도의 한숨을 쉬었다. 이미 모든 것이 결정된 듯했다. 사냥감이라도 놓칠 뻔했다는 듯한 표정들이었다. 그 순간, 영현은 자신에게 벌어진 일이 마치 만우절에 일어난 블랙코미디처럼 느껴졌다.

강제징집 대상으로 분류된 순간, 개인의 건강 상태나 신체 조건은 더 이상 중요한 고려 사항이 아니었다. 심지어 과거 병역 면제를 받았던 사람들도 예외는 아니었다. 성동서의 실수로 한 차례 풀려났던 영현이 다시 연행된 것은, 이 일이 단순한 경찰서 차원이 아니라 최소한 시경 이상의 상부 지시에 의한 것이었음을 보여 준다.

늦은 밤, 병무청 직원이 도착해 입대 지원서를 내밀었다. 영현은 처음엔 단호히 거부했지만, 그건 그저 잠깐의 저항에 불과했다. 이미 모든 수순은 정해진 듯 흘러갔고, 태문 역시 형사들의 강압에 못 이겨 결국 지원서에 서명해야 했다.

성동서에서 밤을 보낸 두 사람은 이른 아침 청량리경찰서로 옮겨졌다. 다른 경찰서에서 연행된 학생들이 차례로 도착해, 어느새 20명 남짓이 되었다. 이들은 전경 호송버스에 실려 춘천의 103보충대로 이동했다. 각 경찰서에서 따라온 형사들도 함께 탑승해 있었다.

시위 진압에 동원되던 전경 호송버스는 창마다 철망이 씌워져 있어 사람들 사이에 '닭장차'로 불렸다. 전경들은 그 안에서 밥을 먹고 잠을 잤고, 때때로 선임들의 폭력과 얼차려를 받으며 청춘을 소진했다.

독재의 시대, 젊은이들은 자신의 의지와 상관없이 적과 아군으로 나뉘어 싸워야 했다. 영현과 일행은 어제까지 시위 진압대를 나르던 그 '닭장차'를 타고, 군부대로 향했다.

서울을 벗어난 버스는 북한강을 끼고 달렸다. 길은 강의 흐름을 따라 구불거렸고, 차는 때때로 크게 모퉁이를 돌았다. 모퉁이를 돌면 강이 다시 나타나 시야가 트이기를 반복했다. 가끔 전면 유리로 들어오는 햇빛에 눈이 부셔 눈을 찡그려야 했다.

4월의 봄은 마치 강물에서 뽑아낸 색처럼, 땅 위에 조금씩 번져가고 있었다. 물가의 나무와 풀들은 연한 녹색을 머금었고, 개나리와 진달래가 움을 틔우며 봄의 기척을 알렸다. 그런 풍경 속을 버스는 흙먼지를 일으키며 달려갔다.

비좁은 버스 안은 전경들의 퀴퀴한 땀 냄새로 가득했다. 창밖의 풍경은 철망에 가로막혀 조각난 모자이크처럼 일그러져 보였다. 그럼에도 북한강의 모습은 여전히 아름다웠다.

차량의 엔진소리만 크게 들릴 뿐, 아무도 말하지 않았다. 하지만 영현과 함께 연행된 학생들의 머릿속은 복잡했다. 모두 침묵하며 강제징집 이후 맞닥뜨릴 각자의 미래를 걱정하고 있었다.

두어 시간을 달린 끝에, 버스는 '신북'이라 적힌 표지판을 지나 다리를 건넜다. 상가와 민가가 촘촘히 들어선 길목을 따라 꺾이더니, 길옆으로 하얀 담장이 이어졌고 그 끝에는 '입소를 환영합니다'라는 철제 아치가 우뚝 서 있었다. 마침내, 그들은 103보충대에 도착했다.

버스에서 내린 영현과 일행 20명은 풀 죽은 죄수들처럼 장교와 기간병의 호령에 따라 대강당으로 인솔되었다. 신병이 된 학생들을 인수인계하고 신원 확인서를 맞춰 본 후, 따라왔던 형사들은 호송버스를 타고 돌아갔다.

버스가 시야에서 멀어지는 것을 바라보며, 영현은 어딘가로부터 떨어져 나온 듯한 이질감을 느꼈다. 익숙했던 일상은 단절됐고, 그는 예측할 수 없는 폐쇄된 세계 한복판에 무력하게 내던져져 있었다.

입영

보충대의 기간병은 쇳소리를 머금은 굵은 목소리로 고함을 질렀다. 그들은 영현 일행이 평범한 신병이 아니라는 사실을 이미 알고 있는 듯했다. 키와 몸무게를 재고 나서, 이름뿐인 신체검사가 이어졌다.

"아픈 데 없지?"

흰 가운을 입은 군의관이 무표정하게 물었다. 영현도, 그도 결핵성 늑막염에 대해 입을 열지 않았다. 말해 봤자 달라질 건 없다는 걸 이미 알고 있었기 때문이다. '병'이라는 판정은, 이곳에선 그냥 종이 위의 잉크 자국에 불과했다.

간단한 입소 절차의 마지막이 닥쳐왔다. 입소자 모두 머리를 박박 밀어야 했다. 중학생 이후 처음 해 보는 까까머리에, 영현과 일행은 손으로 머리를 만지며 서로를 바라보고 쓴웃음을 지었다. 그 순간, 그들은 모두 같은 처지에 놓인 동지가 되었다.

내무반에 들어서자 군복과 군번줄이 그들을 기다리고 있었다. 영현은 군복으로 갈아입고 거울 속 낯선 얼굴을 바라봤다. 강제로 끌려왔다는 사실이 피부로 와닿았다. 입고 온 옷은 종이 상자에 담아 제출했다. 며칠 뒤 그것이 집에 도착하면 강현, 웅현, 자현 형제들은 그의 입대를 알게 될 것이었다.

곧이어 사단 배치가 이루어졌다. 쉴 틈도 없이 영현은 태문과 떨어져 다른 대학 출신인 최호정, 원일형, 조영현, 김진도와 함께 군용트럭에 실려 화천에 있는 7사단 신병교육대로 보내졌다.

부산에서 연행된 원두영은 부산 국군병원에서 형식적인 신검을 받고 춘천 103보충대를 거쳐 그날 21사단으로 직행했다.

영현은 7사단으로 배치받은 5명의 동기와 같이 한 시간 반가량 트럭을 타고 가면서 인솔 장교와 기간병의 눈을 피해 서로의 출신과 이곳에 오게 된 사연을 간단히 주고받았다. 영현은 혼자가 아니라는 사실에 내심 안도감을 느꼈다.

서울대 치의예과 학생 김진도는 3월 31일 아침 동대문경찰서로 연행되었다. 유네스코학생회 활동 중 안기부에 검거되어 조사받고, 4월 2일 새벽에 강제로 입대지원서에 지장을 찍었다. 서강대

국문과에 다니던 원일형은 4월 1일 학과 신입생 환영회 MT를 마치고 돌아오는 길에 마포경찰서로 연행되어, 그날 밤 늦게 휴학계와 입대지원서를 쓰고 4월 2일 아침 청량리 경찰서로 이송되어 7사단으로 가는 트럭에 태워졌다.

서강대 출신의 조영현은 3학년 때 광주향우회 회장을 맡고 신방과 학회 결성을 주도했다는 이유로 같은 날 새벽 연행되었다. 그는 이름만 같았을 뿐 영현과는 별개의 사람이었지만, 운명은 그들을 같은 길로 이끌었다.

경희대 법학과에 다니던 최호정은 학내 '백단학회'라는 동아리 활동을 하고 불온한 유인물을 소지한 혐의로 강제징집을 당한 스물두 살 청년이었다.

김진도, 최호정, 조영현, 원일형 모두 불과 며칠 사이 같은 방식으로 끌려왔다. 그들 역시 혼란스러웠고 불안했다. 같은 트럭에 타고 이동하는 동안, 영현이 먼저 입을 열고 자연스럽게 대화를 이끌기 시작했다.

훗날 김진도는 이렇게 회상했다.
"일행 중 가장 활달했던 사람이 영현이었다."
나머지 입소 동기들도, '같은 부대에서 함께라면 버틸 수 있겠다'라는 작은 위안을 품게 되었다.

영현은 학생운동을 하며 늘 동지의 존재에 의지했다. 혼자의 힘은 작지만 그 힘들이 모이면 세상을 흔들 수 있다는 믿음이었다. 비록 강제로 군에 끌려왔지만, 트럭 안의 이들이야말로 그에게 지금 가장 절실하게 필요한 동지였다.

　트럭은 화천읍을 지나 한목령길을 올라갔다. 풍산리의 다메섹 교회 푯말을 지나자 곧바로 좌회전했고, 7사단 신병교육대 연병장이 눈앞에 모습을 드러냈다. 도착한 시각은 이미 늦은 밤이었다.
　'데모하다 잡혀온 신병들'이라는 소식은 빛보다 빠르게 퍼진 듯, 기간병들은 처음부터 호락호락하지 않았다. 영현과 일행은 7사단 연병장에 도착하면서부터 바닥을 기어야 했다. 대위 한 명이 줄을 세우더니 "이 새끼들, 데모나 하고 지랄이야"라며 손날로 목을 치고 군홧발로 정강이를 걷어차기 시작했다. 극심한 통증에 짧은 비명이 새어 나왔지만, 누구도 자세를 흐트러뜨리지 못했다.
　군홧발과 주먹이 이어진 얼차려는 한 시간 동안 계속됐다. 연병장에서 중대본부로 이동한 뒤에도 장교의 욕설과 폭력은 멈추지 않았다. 어찌 보면 교도소보다 더 나쁠 수도 있겠다는 생각에 영현은 몸서리를 쳤다.
　전입신고를 마친 그들은, 그제야 내무반으로 들어갈 수 있었다. 그나마 위안이라면, 일행 중 최호정과 영현이 같은 소대에 배치되었다는 사실이었다. 서로를 마주 볼 수 있다는 사실 하나로, 간신히 마음을 붙들 수 있었다.

몸은 탈진한 듯했지만, 머리는 깨어 있었다. 눈을 감고도 의식은 내내 경계했다. 언제 잠이 들었는지도 모른 채, 영현은 낯선 아침을 맞았다. 기상나팔이 울리고 처음 맞는 신병교육대의 풍경은 삭막했다. 시끄러운 소리와 부산한 사람들의 움직임만이 눈에 띄었다.

황갈색 생활관들이 둘러싼 연병장 옆, 개나리가 노란 꽃망울을 터뜨리고 있었다. 그 봄빛 하나가 계절의 변화를 말없이 전하고 있었다.

'지금쯤 행당캠퍼스에도 개나리가 흐드러지게 피어 있을 텐데…'.

강원도의 봄은 더디게 오는 듯했고, 병영의 계절은 사회와는 확연히 달랐다.

봄은 아직 이곳까지 오지 않았다고 영현은 생각했다.

며칠 사이 많은 곳을 지나쳐 왔다. 4월 3일 아침, 영현은 화천에 있었다.

제1장
사상좌 춤

클라리넷, 교회 그리고 낚시

1962년 3월 1일, 한영현은 인천 동구 만석동, 괭이부리말로 알려진 곳에서 4형제 중 둘째로 태어났다. 그의 이름 '영현(永鉉)'에는 부모님의 깊은 뜻이 담겨 있다. '길 영(永)'과 '솥귀 현(鉉)'은 영원히 높고 존귀한 사람이 되라는 바람이었다. 아주 오래전부터 솥은 신성한 물건으로 여겨졌고, 그 발은 국가와 지위의 상징이기도 했다.

영현의 원래 고향은 강화도였다. 그의 할아버지는 지역 유지로서 지주였고, 장손으로 집안을 이어갈 아들이 필요해 할머니를 첩으로 맞아들였다. 하지만 아버지는 집을 나와 홀로 성장했다.

외할아버지는 강화도에서 목수로 일하며 여러 집을 짓다 할아버지의 집을 맡게 되었다. 맏딸이었던 어머니는 그곳에서 외할아버지의 밥을 챙겨주고 잔심부름을 하다 아버지를 만나 자연스레 사랑에 빠지게 되었다. 그렇게 두 사람은 짧은 연애 끝에 결혼했다.

할머니는 어머니를 탐탁지 않게 여겼다. 아버지는 그래도 고등학교를 마쳤는데 어머니는 초등학교밖에 나오지 않았던 탓이다. 할머니는 귀한 아들이 목수의 딸에게 홀렸다고 생각했다. 영현의 형 강현과 동생 웅현은 할머니의 사랑을 받았지만, 영현은 어머니를 많이 닮았다는 이유로 할머니의 미움을 받으며 자랐다.

아버지는 한량 같은 분이었다. 강화도의 땅을 팔아 사업을 시작했지만, 번번이 실패했다. 자숙하다가도 할머니가 시골 땅을 떼어주면 다시 사업에 뛰어들었고 결과는 항상 같았다. 실패의 반복이었다.

영현이 태어났을 때 가정 형편은 매우 어려웠다. 아버지는 배를 고치는 용접 기술을 배웠고, 어머니는 행상을 하며 집안을 책임졌다. 어머니의 생활력 덕분에 가족은 차츰 재산을 모으기 시작했다. 영현이 다섯 살 무렵부터 비록 풍족하지는 않았지만, 집안은 점점 나아졌다.

형 강현은 두 살 때 소아마비를 앓아 걸음걸이가 불편했다. 영현도 몸이 약해 가족들이 오래 살지 못할 거라 생각했지만, 점차 건강해지면서 형을 대신해 장남 역할을 맡게 되었다.

그러나 할머니의 차가운 시선은 어린 영현의 마음에 깊은 상처를 남겼다. 그는 점점 반항심을 키웠고, 국민학교에 들어가기 전까지 몰래 극장에 숨어들곤 했다. 극장의 어둠 속에서 잠시나마 현실에서 벗어날 수 있었지만, 집으로 돌아가는 길은 여전히 낯설고 두려웠다.

국민학교 3학년 무렵, 영현은 집안의 숨 막히는 분위기에서 벗어나기 위해 가끔 무작정 집을 나섰다. 혼자서 동네 골목을 헤매고, 오래된 철길 근처를 떠돌기도 했다.

영현이 가장 멀리 간 곳은 부산이었다. 처음에는 단순한 일탈이었지만, 점차 가출은 그에게 탈출구가 되었다. 돈이 떨어져 빈털터리가 되면 경찰서를 찾아갔고, 경찰의 도움으로 집으로 돌아가곤 했다. 이러한 행동은 중학교 2학년 때까지 이어졌으나, 그해 할머니가 돌아가시면서 자연스럽게 멈추게 되었다.

국민학교 시절, 영현은 공부에 소질이 없었다. 4학년 때 학교 밴드부에 들어가 클라리넷을 불게 되었다. 3학년 때 결핵성 늑막염을 앓으며 폐활량을 늘리기 위해 클라리넷이 도움이 될 것이라는 의사의 조언에 따라 집에서 클라리넷을 사주었다. 당시 클라리넷은 꽤 비싼 악기였고, 리드 또한 고가였다. 리드는 소모품이라 일정 기간 사용 후 교체해야 했다. 당시 리드 하나에 300원 정도였다. 떡볶이 한 그릇이 10원이던 시절이었으니, 꽤 큰 돈이었다.

형제들은 리드를 사기 위해 받은 돈으로 군것질을 하기도 했다. 리드 비용을 아끼기 위해 대나무로 리드를 깎아보았지만, 아무리 갈아도 제대로 된 소리가 나지 않았다. 결국 부모님께 들켜서 야단을 맞기도 했다. 그때의 행동은 가난한 형편 속에서 나름의 즐거움을 찾으려던 형제들의 작은 반항이었다.

국민학교 3학년 때부터 영현은 동생과 함께 교회에 다니기 시작했다. 처음엔 집에서 벗어나는 재밋거리였는데, 중학교 2학년 때부터는 진정한 신앙을 깨달으며 열심히 다녔다. 그때부터 영현에게 교회는 삶의 한 부분이 되었다.

중학교 2학년 시절, 영현은 보통의 사춘기 소년들처럼 호기심이 많았다. 학교 간부로 활동하며 다른 학교 학생들과 미팅을 하다가 적발되어 근신 처분을 받기도 했다. 중학교 3학년 때는 문학 서적에 빠져 살았다. 흡수력이 좋은 스펀지처럼 많은 책을 읽었다. 그중 니체와 이상의 작품에 심취하며 비현실적인 세계에 빠져들었다.

집안 형편은 여전히 빠듯했다. 부모님은 맞벌이를 하며 늦게까지 일했고, 자식들과 대화할 시간이 많지 않았다. 아버지는 계속해서 실패했지만, 자상한 면이 있었다. 특히 영현과 가까웠다. 만석동에서 조금만 나가면 바다가 보였고, 아버지와 함께 어머니 몰래 대나무 낚시를 다니곤 했다.

중학교 2학년 때 영현은 유화성이란 친구를 사귀었다. 화성과는 앞뒤 자리에 앉으면서 자연스럽게 친구가 되었고, 둘은 깊은 우정을 나누었다. 화성은 훗날 한양대학교에 진학했다가 전공이 맞지 않아 자퇴했지만, 그 시절 영현을 두고 "평범한 학생이었지만 눈부신 지능과 예리한 성격이 두드러졌다"라고 회상했다.

고등학교 입학한 해에 영현의 아버지는 사업 실패 후 사우디아라비아로 취업을 나갔다. 그 무렵 어머니는 부동산 투기에 손을 대기 시작했다. 처음에는 돈을 많이 버는 듯했지만, 점점 규모가 커지면서 빚이 쌓였다.

아버지가 중동으로 떠난 동안, 영현은 외가에서 생활했다. 외가에는 어머니의 여동생들이 있었는데, 영현은 막내 이모와 특히 친하게 지냈다. 이 때문에 주변 사람들의 근거 없는 소문이 끊이지 않자 영현은 외가 식구들에게 부담을 주기 싫어 집으로 돌아왔다. 영현이 막내 이모에게 풋사랑 같은 감정을 느낀 것은 사춘기 시절 이성에 대한 호기심이었다. 남자 형제들 사이에서 자란 영현에게 이모와의 친밀한 시간은 낯설면서도 따뜻한 기억으로 남아 있었을 것이다.

집으로 돌아온 후에도 영현은 막내 이모와 자주 만났다. 둘은 극장에 함께 가곤 했다. 이모와 함께한 시간은 영현에게 삭막했던 삶의 작은 위안이 되었던 것으로 보인다.

갈등과 출구

고등학교에 진학하면서 영현의 삶은 완전히 변했다. 고등학교 1학년 말, 어머니의 투기사업이 더 이상 감당할 수 없는 상황에 이르자 아버지가 중동에서 귀국했다. 집안은 경제적으로 무너져갔고, 재산은 거의 바닥을 드러냈다. 살고 있던 집은 이중으로 담보가 잡혀 있었으며, 부모님의 갈등과 불화는 점점 심각해졌다. 영현은 집에 들어가는 것을 점점 두려워했고, 도서실이나 중학교 동창 유화성의 집에서 밤을 보냈다. 그에게 집은 이제 더 이상 안식처가 아닌, 피하고 싶은 장소가 되어버렸다.

이 절망적인 상황에서 영현은 새로운 시작을 결심하며 교회를 옮겼다. 비교적 작은 도원동 송천교회에 다니며 고등부 회장을 맡았다. 그때부터 그는 마음을 다잡고 학교 공부에 몰두하기 시작했다. 동생 웅현은 그 시기의 형이 이전과는 다른 모습이었다고 기억했다. 그의 눈빛은 이전과는 달리 굳건해 보였다. 어떤 어려움이 닥쳐도 굴하지 않겠다는 강렬한 의지가 느껴졌다.

송천교회에서 영현은 박혜영이라는 여학생을 만났다. 박혜영은 힘든 시기, 영현에게 위안과 새로운 시작의 동기가 되어주었다.

이 무렵 영현은 개인적인 문제를 사회 문제와 연결하여 생각하기 시작했다. 동창 유화성은 고등학교 1학년 겨울방학을 지나면서 영현이 다른 학생들과는 다른 사상을 가지게 되었다고 회상했다. 화성은 큰형 강현이 동국대학교에 진학하면서 영현이 사상적인 영향을 받았을 것이라고 추측했다. 큰형 강현의 가방 속에서 나온 서적이나 유인물을 통해 세상을 보는 틀을 잡았을 것이라고 했다.

강현은 불편한 몸에도 불구하고 학생운동에 참여했다. 글을 잘 써서 대자보를 작성하기도 했다. 영현에게는 형의 이러한 모습이 큰 자극이 되었다. 몸은 불편했지만 누구보다 강한 신념을 지닌 형의 모습은 영현에게도 뭔가 해야 한다는 책임감을 느끼게 했다.

"영현은 가정 내의 고부간 갈등이나 경제적 어려움을 단지 한 가정의 문제로 보지 않았다. 그는 이러한 문제들이 자본주의의 모순에서 비롯된 것이라고 믿었고, 이에 대한 분노를 숨기지 않았다. 그는 우리나라가 전형적인 자본주의가 아니라, 독재가 결합된

천민자본주의라고 판단했다. 그의 문제의식은 정치적 비판으로 이어졌고, 이는 그와 주변 친구들 사이에 보이지 않는 경계를 만들었다. 이러한 경계는 때때로 영현을 외롭게 만들었지만 그는 자신의 생각을 굽히지 않았다"라고 유화성은 기억을 더듬었다.

인천고등학교 2학년이 된 영현은 김인서, 박건욱, 황보은, 김기서 등과 어울려 지냈다. 영현은 자기주장이 강했고, 자신의 생각에 대한 비판을 참지 못하는 성격이었다. 의견이 다른 친구와는 상종조차 하지 않으려 했고, 그 고집은 가끔 논쟁과 주먹다짐으로 이어졌다. 김인서는 그런 영현이 급우들과 논쟁 끝에 주먹질을 하는 모습을 목격한 적이 있다고 했다. 영현의 강한 자기주장은 때로는 그의 인간관계를 어렵게 만들었고, 자신과 다른 생각을 가진 사람들과의 거리를 더욱 멀게 만들었다.

박건욱은 영현이 상당히 머리가 좋았다고 회상했다. 공부를 열심히 하지 않아도 전교 1, 2등을 할 정도였고, 성경책의 반 정도를 외웠으며, 프로이트의 정신분석학 책을 탐독하던 모습을 기억했다. 다른 학생들과 성격이 달라 소위 '왕따'를 당하기도 했지만, 그만큼 자기주장이 강하고 독특한 사상을 가지고 있었다. 영현이 무언가 이야기하면 다른 학생들은 반박할 수 없을 정도였다고 건욱은 기억했다. 영현의 생각은 논리적이고 날카로웠지만, 그만큼 다른 사람들에게는 다가가기 어려운 장벽처럼 느껴지기도 했다.

어느 날, 수업 시간에 있었던 일을 건욱은 떠올렸다. 그날 영현은 낡은 책상에 앉아 있었다. 교실 안은 긴장감이 감돌았다. 교사가 엄숙한 목소리로 훈시를 하고 있었다.

"너희들, 공부의 목적은 훌륭한 인간이 되는 것이다. 모두 열심히 해야 한다."

영현은 작게 혼잣말처럼 말했다.

"공부는 우리가 스스로 주체성을 발견하기 위한 수단이지, 단지 훌륭한 인간이 되기 위한 것만은 아니라고 생각합니다. 저는 제가 누구인지, 무엇을 원하는지 알기 위해 공부하고, 그 지식을 바탕으로 세상에 긍정적인 영향을 미치고 싶습니다."

그 순간 교실 안은 잠시 침묵에 휩싸였다. 다른 학생들은 놀란 눈으로 영현을 바라보았다. 교사의 얼굴에는 미묘한 변화가 일었다. 교사는 영현의 말을 도전으로 받아들였다. 그의 눈빛은 차갑게 변했고, 교실 안의 공기는 일순간 얼어붙었다.

"너 지금 내가 하는 말에 그게 무슨 소리냐? 당장 이리 나와!"

교사는 자신의 권위가 도전받았다고 느꼈는지 영현을 교탁 앞으로 불러 뺨을 때렸다. 영현이 쓰러졌다. 교사는 분이 풀리지 않은 듯 다시 그를 일으켜 세워 때렸다. 영현의 뺨은 붉게 달아올랐지만, 그의 눈빛은 흔들림이 없었다. 그날의 기억은 교사와 영현 모두에게 잊고 싶은 상처로 남았다. 그러나 어린 영현의 태도는 일방적인 지시나 사상의 주입에 대한 단호한 거부였다. 그는 자신의 신념을 지키기 위해 어떤 대가도 감수할 준비가 되어 있는 듯 보였다.

유화성 역시 영현과의 특별한 기억을 떠올렸다. 1979년 10월 26일, 박정희 대통령의 사망 소식이 전해진 날이었다. 그날 동네에서 만난 영현은 환한 얼굴로 화성에게 다가왔다. 영현의 눈빛은 빛나고 있었다. 그는 웃으며 박정희의 사망 소식을 듣고 기쁨에 겨워 만세를 외쳤다고 말했다. 화성은 유신시대에 박정희를 숭배하던 일반적인 고등학생과는 너무나 다른 영현의 모습에 놀라움을 금치 못했다.

고등학교 2학년 말부터 영현의 성적은 눈에 띄게 향상되었다. 그는 박혜영과 다른 교회 친구의 자취방에서 함께 공부했다. 친구들은 박혜영과 영현이 사귀고 있다고 믿었다. 혜영과의 관계는 영현에게 삶의 작은 빛이었다. 그는 학업에 몰두하며 자신이 원하는 미래를 구체적으로 그려나가기 시작했다. 그의 미래에 대한 열정은 이전의 방황과는 달랐다. 그것은 단순히 개인의 성공을 넘어, 불의한 사회를 변혁하고 민중과 함께하려는 더 큰 목표와 시대적 소명 의식에서 비롯된 열정이었다.

냉정과 열정 사이

　집안 형편은 날이 갈수록 악화됐다. 빚쟁이들의 방문은 일상이 되었고, 부모님의 다툼도 더욱 잦아졌다. 결국 영현이 고등학교 3학년이 되자마자 부모님은 빚쟁이를 피해 서울 동국대 근처로 급히 이사를 했다.

　아버지는 서울에서 작은 점포를 하나 얻었다. 이사 후 첫 한 달 간은 기차로 통학했지만, 영현은 부모님의 다툼이 듣기 싫어 인천 고등학교 근처 독서실로 들어가 생활했다. 그는 독서실에서 밤을 지새우며 공부에 몰두했다. 그때 모의 예비고사에서 전교 1등을 했다. 1980년 5월, 어머니가 영현을 보러 왔지만 그는 냉담하게 어머니를 돌려보냈다. 그것이 어머니와의 마지막 만남이었다. 그때 어머니를 대한 태도가 훗날 자신에게 깊은 상처가 될 것을 그때는 알지 못했다.

영현 가족에게 비극적인 사건이 일어났다. 아버지가 친구에게 돈을 빌려줬는데 그 친구가 갚지 않았고, 어머니는 그것을 못마땅해했다. 아버지가 그 친구 집에서 하루를 자고 돌아오자 어머니는 불만을 터뜨리며 따졌다. 두 사람 사이의 말다툼은 점점 격렬해졌고, 그 과정에서 아버지는 순간적으로 어머니의 뺨을 때리고 말았다. 어머니는 그 충격에 넘어져 침상 모서리에 머리를 부딪혔고, 그로 인해 뇌진탕을 일으켜 결국 돌아가셨다.

영현은 어머니가 돌아가신 지 이틀 후에야 그 소식을 들었다. 마치 시간이 멈춘 것처럼 영현은 정적에 휩싸였다. 하지만 그는 울지 않았다. 그는 스스로를 억누르고 슬픔을 마음속 깊이 밀어 넣었다. 우발적인 사건이었지만, 아버지는 구속되어 1심에서 무기징역을 선고받았다. 상소를 포기한 아버지는 청주교도소에 수감되었다.

어머니의 죽음은 영현에게 죄책감과 혼란을 남겼다. 그때부터 영현은 점점 더 내성적으로 변했으며, 마음속에 깊은 상처를 안고 살아가게 되었다. 그는 자신의 모든 정신을 박혜영에게 의지하며 그 공허함을 채우려 했다. 당시의 태도에 대해 영현은 군대에서 쓴 글에서 "어머니 일에 대한 죄책감 때문에 더욱 박혜영에게 매달렸다"라고 고백했다. 그것은 어머니의 죽음을 받아들이고자 했던 그의 방식이었다.

어머니의 장례식에도 가지 않았다. 그는 어머니의 죽음 앞에서도 눈물을 흘리지 않고 차분한 태도를 유지했다. 건욱은 영현의 무덤덤한 태도에 의아함을 느껴, "어머니가 돌아가셨는데 슬프지도 않아?"라고 물었다. 영현은 잠시 침묵하더니 체념한 듯 "세상은 원래 왔다가 가는 거야"라고 답하고는 다시 책을 펼쳐 공부에 몰두했다.

건욱은 그의 무심한 태도에 적잖이 놀랐다. 그때 건욱의 마음속에는 '어떻게 저럴 수 있을까?'라는 의문과 함께, 극도의 슬픔으로 영현이 미친 것이 아닐까 하는 생각마저 떠올랐다.

화성 또한 그때의 영현을 기억했다.

"영현은 울지 않았다. 어머니의 죽음 앞에서도 담담했다. 오히려 자신에게 일어난 일들을 사회적 문제로 설명하려는 모습이 인상적이었다. 돈이 한 가정에 어떤 영향을 끼치는지 이야기하는 그의 모습은 마치 대학 강의를 듣는 것 같았다."

어머니의 죽음은 영현에게 삶의 본질과 존재의 의미를 다시 생각하게 하는 계기가 되었던 것일까, 그는 죽음을 인간의 숙명으로 받아들였고, 슬픔에 빠지는 대신 살아남은 자로서의 책임을 더 크게 느꼈던 것 같았다.

유화성은 영현의 고등학교 시절을 이렇게 평가했다.

"영현과 가정 이야기를 하면 행복했던 과거에 대한 동경을 자주 이야기했다. 경제적으로 극빈한 상황은 아니었지만 고부간의 갈등, 경제적인 어려움, 부모님의 불화, 형의 장애 등으로 인해 그는 마음 편히 의지할 곳이 없는 가정에서 자랐다. 친구들 앞에서는 겉으로 잘 떠들고 집안 문제에 대해 아무렇지 않게 이야기했지만, 그의 마음속에는 항상 그늘이 있었다."

영현은 10대 시절, 불행을 감정적으로 표출하기보다 문제의 본질을 파악하려 애썼다. 삶의 이면을 탐구하며, 내면의 어둠을 감추기 위해 더욱 뜨거운 열정을 품었다. 혼란과 역경 속에서도 삶을 꿋꿋이 살아내려는 의지가 그의 원동력이었다.

제2과장
제1경 팔목중춤

무림·학림·부림 – 탄압의 시대

1980년대는 한국 현대사에서 시작부터 암울한 시기였다. 1970년대에 반유신 독재투쟁은 분명한 이념 없이 진행되었고, 일부는 '민중적 민주주의'라는 추상적 개념에 의존했다. 그러나 전태일의 분신과 김상진의 할복은 학생운동에 커다란 충격을 주며 전환점을 만들었다. 학생운동은 점차 노동문제와 사회 구조적 모순을 직시하게 되었고, 실천 방향과 이론적 기반을 모색하기 시작했다.

하지만 이런 노력은 정권의 탄압 속에 좌절되었다. 전위조직을 통한 투쟁은 용공으로 몰려 탄압당했다. 박정희 정권은 1975년 긴급조치 9호를 통해 학생운동가를 대거 제적·구속·투옥하며 사회에서 고립시켰다. 이 시기 운동에 참여한다는 것은 삶 전체를 걸어야 하는 일이었다.

이후 학생운동은 전위적 결사 대신 노동현장, YMCA, 흥사단 아카데미 등 합법적 공간으로 이동했다. 후배들을 조직하고 학습하며, 다가올 투쟁에 대비하는 방식으로 운동의 명맥을 잇고자 했다.

갑자기 닥친 박정희 사망 이후 도래한 '서울의 봄'은 20년 가까이 억눌린 민중들의 열기로 가득 차올랐다. 민주화에 대한 열망은 10만 명 대학생을 서울역으로 불러 모았지만, 자발적 대중투쟁을 지도해 본 경험이 없었던 공개 학생운동 지도부는 상황에 대한 잘못된 판단으로 서울역에서 회군하는 실수를 했다. 같은 실수가 광주항쟁에서도 재야인사들에 의해 반복되었다. 그 결과는 참혹했다. 광주항쟁은 핏빛 교훈을 남겨주었다.

한편으로 전두환 정권은 언론 통제를 강화하고 반정부적인 기자들을 대량 해고했다. 그리고 프로야구와 컬러텔레비전 방송으로 사람들의 눈과 귀를 막아 정치에 관심을 가지지 않도록 하는 우민화 정책을 차근차근 시행해 나갔다. 이른바 '3S 정책'이었다.

1980년 12월 11일, 12.12 군사쿠데타 1주년을 하루 앞두고 서울대학교 도서관 앞에서 시위가 벌어졌다. 광주항쟁 이후 침묵 속에서 재정비된 학생운동 내 논의가 수면 위로 드러난 사건이었다. '반파쇼 학우 투쟁 선언'이라는 유인물이 배포되었다. 정권은 이를 좌경 조직사건으로 규정하고, 즉각적인 검거와 고문 수사를 시작했다.

학생들의 진술에 따라 유인물 작성자로 김명인이 지목되었다. 그는 관악서에 연행된 뒤 남영동 대공분실로 넘겨졌다. 거기서 그를 맞이한 이는 악명 높은 이근안 경감이었다. 이근안은 이 사건을 '무림(霧林)'이라 명명했다. 이른바 안개[霧]처럼 퍼지는 학생운동 조직이라는 의미였다. 이후 250명이 연행되고, 80명이 강제징집, 9명이 구속되었다. 무림사건은 훗날 이근안이 학림·부림 등 다른 조직 사건에 깊숙이 관여하는 계기가 되었다.

무림 사건으로 서울지역 학생운동을 뿌리 뽑았다고 여겼던 정권은 이듬해 3월부터 성균관대, 부산대 등으로 퍼지는 시위에 놀랐다. 이어서 5월 27일 서울대 김태훈이 "전두환 물러가라" 외치며 투신한 사건은 큰 충격을 안겼다. 김태훈은 운동권도 아니었으며, 신부가 되길 꿈꾸었던 평범한 청년이었다. 그의 죽음은 광주 이후 '살아남은 자의 부채의식'이 얼마나 무거웠는지를 상징했다.

정권은 6월부터 홍사단 아카데미 출신 이태복 등 전민학련, 전민노련 인사 700여 명을 연행하고 고문 끝에 25명을 구속했다. 이태복은 무기징역을 선고받았다. 국제사회는 그를 '세계의 양심수'로 선정했다. 이근안은 이 사건을 주요 모임 장소였던 '학림다방'에서 이름을 따와 '학림 사건'이라 이름 붙였다.

이어 1981년 9월에는 부산의 사회과학 독서 모임을 공산주의

혁명 세력으로 조작해 '부림 사건'이 만들어졌다. 학생과 교사, 회사원 22명이 연행되었고, 이들 대부분은 고문을 통해 허위자백을 강요당했다. 부림 사건의 변호를 맡은 노무현 변호사는 이 일을 계기로 인권 변호사의 길로 들어섰다.

정권은 전국 대학가에 보안사, 안기부 요원을 상주시켜 학생운동을 감시했고, 저항은 지하로 숨어들었다. 모든 것이 정지된 듯한 침묵의 시간 속에서도 작은 모색과 움직임은 남아 있었다. 한영현이 뛰어든 학생운동은 바로 그 가장 어두운 틈 속에서 시작되고 있었다.

안기부, 보안사, 경찰 - 탄압 기제

1980년대 학생운동은 광주민중항쟁이라는 역사적 부채를 안고 출발했다. 한영현이 대학에 입학하던 시점, 대학가는 더 이상 낭만이나 자유의 공간이 아니었다. 전두환 군사정권에 맞선 저항의 최전선에 학생운동이 서 있었고, 운동의 주체들은 소수의 급진적 실천을 넘어 보다 폭넓은 대중과 함께하는 전략을 고민하기 시작했다.

그러나 현실은 가혹했다. 군사독재 하에서 대학은 전경과 정보기관 요원들에 의해 철저히 통제되었고, 학생운동은 공개적 활동의 공간에서 쫓겨났다. 대신, 비공식적인 소모임과 이른바 '언더서클'이 자연스레 형성되며 공부와 토론, 실천을 이어갔다. 언더서클은 시대의 암흑 속에서 저항의 씨앗을 품은 공간이었다.

박정희 시대부터 각 대학에는 보안사와 안기부 요원이 상주했고, 이들은 학생들의 일거수일투족을 감시하며 필요에 따라 협조하거나 경쟁하며 탄압을 수행했다. 80년대의 학생운동은 이러한 감시와 억압 속에서도 은밀히 움직이며 새로운 저항의 언어를 만들어가고 있었다.

안기부는 상주 요원 외에도 각 대학에 1983년 12월 기준으로 총 401개의 망원 즉 프락치를 운영하였다. 이들은 학생운동이 격화되었던 1984년 9월에는 502개로 증가하였다. 안기부는 비밀예산으로 치안본부 267개 망원, 보안사 16개에 달하는 망원에 자금을 지원했다.

치안본부와 보안사도 자체비용으로 별도의 망원 조직을 운영하여 학생운동을 감시하고 통제했다. 이런 공식 망원 외에 비공식 망원이나 협조자들을 통해 학생운동에 대한 정보수집이 이루어졌다.

그뿐만이 아니었다. 관할 경찰서 정보과 학원반 형사들은 대학마다 사무실을 차려놓고 근무했다. 한양대학교의 경우 경찰 학원반은 본관 1층에 있었는데 보통 형사 10여 명이 나와 있었다. 단과대별로 담당 형사가 있었고, 운동권 학생들의 동향을 파악하고 집회나 시위의 파악에 주력하였다.

정보과에서 파견 나온 형사들 업무를 총괄하는 학원 반장과 학원반 요원들은 최대한 학생들에게 노출을 피했다. 직접 학생들과 맞닥뜨리는 자리에는 경찰서 각 과와 파출소에서 매일 약 40명 정도의 인원을 교대로 차출, 교내에 배치하여 시위 동향을 파악했다. 시위가 있을 것 같으면 먼저 학생처에 그 내용을 알려주고, 학생처는 교수와 조교를 동원하여 시위를 사전 차단했다. 그래도 시위가 발생하면 형사들이 나서서 현장에서 바로 진압했다. 검거된 학생들에 대한 조사는 학원반과 별도로 정보과 조사반에서 담당을 두어 진행했다.

한편 정부는 졸업정원제를 시행하여 대학생들을 사회문제에 관심을 가지지 못하도록 유도했고, 지도휴학이라는 이름으로 반정부적인 대학생들을 법적 근거 없이 휴학시켜 강제징집했다.

또 문교부를 통해 각 대학의 학생처를 학생운동을 감시, 탄압하는 조직으로 만들었다. 매년 초에 경찰을 통해 문제 학생 리스트를 전달받으면, 문교부는 이를 학생처에 전달하여 담당 지도교수가 운동권 학생들을 면담하고, 보고서를 작성하게 했다. 한술 더 떠서 출신 고등학교 교사들에게까지 졸업한 제자들을 만나 동향을 보고하게끔 하였다.

한양대와 같은 일부 사립대학의 경우, 학교 당국이 시국 문제로 번질 것을 우려하여 학생들의 활동을 제지하고, 서클의 등록에서 영향력을 행사하거나 학도호국단 간부의 임용에 개입하여 간접적으로 학생운동을 탄압하였다.

모색

 암울하기만 한 긴급조치 9호 시대였지만, 1977년 한양대학교에서는 상경대 77학번 학생들이 중심이 되어 국제경제연구회라는 서클이 만들어졌다. 국제경제연구회는 사회적 실천을 목적으로 만들어진 서클로, 매월 외부 강사를 불러 강연회를 개최하였고, 내부적으로는 1주에 1회 세미나를 열어 토론하고 학습하였다.

 또한 실천 행동으로 1978년에는 유신독재를 비판하는 내용으로 학내신문에 기고했으며, 1979년 10.26 직전에는 77학번 이규, 김광화, 김환, 78학번 이영준, 79학번 김홍조, 김광운이 유인물을 배포하였다. 또한 '민중 속으로'라는 슬로건 아래 구성원들을 성남 야학, 경동 야학, 신림동 겨레터 야학, 대방동 야학으로 파견해 학생운동의 외연을 넓히고 노동자 지원활동에도 참여했다. 1978년에는 회원이 34명에 불과했지만 1979년에는 문리과대학·공과

대학 학생들이 가입함으로써 그 규모가 크게 확대되었다.

비슷한 시기 국제경제연구회의 지원으로 공과대 학생들이 중심이 된 '이랑'이라는 서클도 결성되었지만 오래 지속되지 못했다. 한편 흥사단 아카데미가 있었는데, 이랑과 흥사단 아카데미는 등록되지 않은 학생운동 서클이었다.

독립운동가 유길준이 1907년 창립하고, 안창호가 1913년 재건한 흥사단은 1963년 청년아카데미, 대학생 서울아카데미, 고등학생 서울아카데미를 차례로 출범시키며 청소년과 청년층을 포괄하는 시민교육 조직으로 발전했다. 이들 조직은 사회문제에 관심을 가진 학생들이 대학 진학 후 학생운동에 자연스럽게 참여하도록 연결하는 통로 역할을 했다. 특히 서울 지역 고등학생 아카데미는 졸업생들이 '서고에이'라는 이름으로 대학 간 연계를 지속하며 학생운동의 확산에 기여했다. 그러나 1981년, 각 대학의 흥사단 아카데미 조직은 '학림 사건'의 배후로 지목되어 정권의 집중 탄압을 받았다.

'서울의 봄' 이후 전두환 정권은 무림·학림·부림 사건 등을 조작하여 민주화 세력에 대한 대대적 탄압을 자행했고, 학생운동은 큰 타격을 입었다. 공개적 활동이 불가능해진 건 한양대 역시 예외가 아니었다. 78학번 이상 선배들이 대부분 구속·제적·강제징집을 당하며 이탈했고, 79학번 이하만 남아 사실상 경험의 단절이 일어났다. 영현이 입학할 무렵의 캠퍼스는 눈에 보이지 않는 감시와 억압의 공기가 짙게 드리운 공간이었다. 대학은 더 이상 자유로운 사유와 실천의 공간이 아니었다.

1980년, 국제경제연구회는 불순단체라는 이유로 등록이 취소되었다. 주한미군에게 교양과 정보를 전달하는 AFKN 청취 서클도 함께 취소되었는데, 이유는 그 채널이 국내 언론에서 절대 나올 수 없는 한국의 정치 상황을 알려주는 각종 정보의 소스였기 때문이다. 1979년 2학기에 인문대를 중심으로 만들어진 인문사회연구회가 등록되었지만 얼마 지나지 않아 비공개 언더서클로 전환하였다.

1981년 당시 한양대에는 약 30명 정도의 학생이 인문사회연구회와 국제경제연구회, 흥사단 아카데미라는 세 개의 언더서클에서 운동을 지속하고 확장하기 위한 행동을 조심스레 실천하고 있었다.

탈춤과 연탈

　1970년대를 거치며 군사독재에 대항하는 민족주의와 사회주의적 지적 풍토를 결합한 민족민중예술을 추구하는 젊은이들이 등장했다.

　대학가에서 탈춤을 추기 시작한 것은 1969년 부산대 민속연구회부터였다. 우리 것을 존중하고 사랑하며 민족의 주체성을 찾으려는 일련의 행동들이, 전통문화예술이라는 활동 영역까지 아우른 결과였다. 1971년 서울대 민속가면극연구회가 창립공연에서 봉산탈춤을 추면서 대학가에 퍼지기 시작했다. 이후 1973년에는 연세대, 서강대, 이화여대, 고려대 등에 탈춤반이 생겨났다. 1975년 한양대에도 '탈반'이라 불리던 민속연구회가 만들어졌다.
　한양대를 비롯한 각 대학 탈반은 대부분 여름·겨울 방학을 이용하여 전국 곳곳에 자리한 전통문화 전수관에 가서 배우고 다음 학기에 각 대학에서 공연했다. 1979년 기준 전국의 탈반은 80여 개였고, 갈 만한 전수관은 전국에 10여 곳이었다. 이 때문에 방학 때 다른 대학 탈춤반과 일정이 겹치며 자연스레 교류했다. 이런 교류로부터 1970년대 후반기에 서울지역 대학을 시작으로 전국대학탈춤반연합 모임인 '연탈'이 만들어졌다.

연탈은 각 대학 탈반 대표자들이 만나 정보 교류, 세미나 학습, 춤 강습 등의 프로그램 등을 진행했다. 그리고 서울을 동부, 서부 지역으로 나눠 지역 소모임도 만들었다. 이들은 탈반이 아직 없는 학교의 탈반 창립을 지원하기도 했다. 서울 동부지역에선 세종대의 전신이었던 수도여자사범대학 등에서 탈반을 만드는 일을 거들었다.

교류와 지원을 통해 사람이 점점 많이 모이기 시작하자, 단순히 탈춤을 계승하여 공연하는 것만이 전통문화를 받아들이는 올바른 자세인지에 대한 문제 제기가 내부에서 생겨났다. 기능적으로 전통문화를 계승하는 것만이 아니라 탈춤의 풍자와 저항정신을 이해하기 위해 깊은 사고와 학습의 폭을 넓혀야 한다는 공감대가 만들어진 것이다. 탈춤의 해학과 비판 의식을 시대에 맞게 해석하고, 사회 비판과 현실 참여에 대한 토론의 공간을 발전시키고 공유하기 위한 정기 학습 모임이 만들어졌다.

1979년 4월부터 시작한 연탈 학습 모임 참석자들은 77학번을 비롯해 대부분이 78학번이었고 몇몇 79학번도 참여하였다. 한양대에서는 78학번 홍한표와 박상대 등이 학습 모임에 끼었다. 이 중 박상대는 연탈의 연락, 조직 담당 총무가 되어 전국에 안 가본 대학이 없을 정도로 활발하게 활동했다.

서울대학교 탈반 회장 78학번 고영진이 중구 필동 자기 집을 학습공간으로 제공했고, 한양대를 비롯해 서강대와 고려대, 외국어대, 이화여대, 숙명여대, 서울여대 등 10여 개 대학 탈춤반 학생들이 참석하였다.

이들은 일주일에 한 번씩 모여 열띤 학습을 이어갔다. 한국 근현대사의 질곡부터 시작해 '전환시대의 논리', '역사란 무엇인가'와 같은 당대의 필독서들을 탐독했고, 고금의 예술론을 논하며 시대정신을 고민했다. 밤늦도록 이어지는 토론 속에서 그들의 의식은 날카롭게 벼려졌다.

이렇게 연탈은 각 대학 민속문화 활동을 하는 탈반의 친목 모임에서 80년대 초, 특히 광주민중항쟁을 겪었던 80·81학번들이 들어오면서 점차 운동 성향이 강해졌고, 사회 변혁의 목소리를 높이는 운동 모임으로 성장했다.

연탈은 전국적으로 연결되어 있어 학생운동의 전파 통로로도 기능하였다. 1980년 당시 광주의 현실을 담은 유인물을 전남대 탈패가 서울로 가져오자, 연탈이 이를 받아 각 대학 탈반을 통해 뿌렸다. 이로 인해 지도부 대부분이 경찰에 연행되어 조사를 받았다. 한동안 공식적인 연탈 활동은 중단할 수밖에 없었고, 지역단위 활동에 집중하면서 자연스레 합법 공간 외의 활동을 위해 언더서클로도 확장했다.

  연탈은 이후 적극적으로 각 대학 탈반 구성원 중 핵심 인원을 운동가로 교육하며 각 대학의 탈반이 운동체로 성장하도록 지원하였다. 일부 연탈 구성원들은 사회운동의 출발점과 근거가 될 수 있도록 노동야학을 개설하여 노동운동을 지원하고 조직화하는 일에도 관여했다.

한양민속문화연구회

　　한양대 탈반은 서울지역 모임이었던 서탈과 연탈의 구성원으로 활동하며 교류했다. 연탈은 78학번 박상대와 홍한표, 정밀기계과 80학번 윤두형과 81학번 한영현으로 이어졌다. 또한 한국기독교 장로회 청년회, 즉 기청의 문화패도 탈반과 엮여 있었다. 사학과 79학번 정수경, 정외과 81학번 현정길은 기청 문화패 소속으로 한양대 탈반 활동을 같이했다.
　　이렇게 연탈을 통해 일부 인원이 학생운동과 직간접적으로 연결되어 있었음에도 불구하고, 개별 대학의 탈반과 연탈은 일정한 거리를 유지하며 독자적으로 움직였다.

　　한양대 탈반은 공연예술을 목적으로 등록된 합법 서클이었다. 하지만 구성원 중 일부는 운동 지향적 활동을 하고 있었으며, 탈춤 공연은 기득권에 대한 풍자와 조롱을 해학적으로 표현하는 비주류 기층 민중의 정서를 반영하고 있었다. 게다가 무대 공연과는 다른 마당극의 형식으로, 공연자와 구경꾼의 경계가 없이 열린 광장에서 서로 즉흥적으로 대화를 주고받으며 흥을 북돋아 주다가, 끝내는 너나없이 한바탕 어우러지는 탈춤 공연의 특성상, 학생 시위와 연결되는 일이 늘어났다. 탈반은 서서히 공안 당국의 주목을 받는 대상이 되었다.

공대를 중심으로 성장한 한양대에서 그나마 명맥을 유지하던 학생운동 조직들이 언더서클로 전환하자, 공개적으로 학생운동을 하는 서클을 찾기 어려워졌다. 합법 서클 중 운동 지향성이 뚜렷한 탈반으로 학생운동을 하고자 하는 인원들이 모여들면서, 어느덧 탈반은 운동권 서클의 색채가 더욱 도드라지게 되었다.

탈반의 학생 운동 지향은 1981년에 들어서며 여러 장애물과 만난다. 문제 서클로 낙인찍히며 지도교수가 사임하자, 탈반의 지도교수를 맡겠다는 교수를 찾기가 어려워졌다. 회원들은 새로운 지도교수를 찾느라 분주했다. 상대 여운승 교수가 이를 수락하여 힘겹게 서클 재등록을 마칠 수 있었다.

외부의 압력은 내부 분열의 씨앗이 되었다. 탈반 내부에서는 노선에 대한 갈등이 조금씩 드러났다. 탈춤에 대한 새로운 해석으로 사회 참여를 주장하고 실천하려는 회원들과 복학생을 중심으로 전통 탈의 고수와 창립 목적 본연의 길을 강조했던 회원들 사이의 갈등이 나타나기 시작한 것이다.

1981년 5월 말, 영현은 같은 과 친구였던 조길천의 권유로 탈반 활동을 시작했다.

제2과장
제2경 법고춤

수업, 논쟁 그리고 친구들

한양대 공과대학 정밀기계과에 4년 장학생으로 입학한 영현의 생활은 처음 석 달 동안 수업을 듣고, 도서관에 가고, 인천교대에 진학한 박혜영을 만나는 것으로 채워졌다. 중학 동창인 유화성도 한양대 사범대 교육학과에 장학생으로 입학해 함께 다녔다. 두 사람은 사는 곳은 다르지만 학교에서 자주 마주쳤고, 교양필수과목인 국민윤리도 함께 수강했다. 그런데 그 수업에서 예상치 못한 일이 벌어졌다.

담당 교수가 '공산당선언'에 대해 비판적으로 강의하던 중이었다. 그녀는 원전에 특정 내용이 있다고 언급했다. 그러자 한영현이 자리에서 일어섰다. 강의실의 모든 시선이 집중되는 가운데, 그는 흔들림 없는 목소리로, 그러나 단호하게 입을 열었다.

"교수님, 실례지만 그 페이지에 해당 내용이 있는지 직접 확인해 보셨는지요? 지금 하신 말씀의 정확한 출처를 밝혀주시면 감사하겠습니다."

그의 눈빛은 차분했지만, 그 안에는 묵과할 수 없는 진실에 대한 갈망이 담겨 있었다. 강의실은 그의 목소리로 가득 찼다. 당황한 교수는 아무 말도 하지 못한 채 얼굴이 붉어졌다.

'국민윤리'는 이름과 달리 박정희 정권부터 전두환 정권에 이르기까지 국가 권력의 정당성을 교육하는 이데올로기 과목이었다. 정권은 반공교육을 통해 자신들의 행위를 정당화하려 했다. 국민윤리는 고등학교 교육과정에도 포함되어 있었다. 군에서는 '정훈교육'이라는 이름으로 이어졌고, 예비군 훈련과 민방위 훈련에서도 강사들이 반공교육을 실시했다.

대학도 예외는 아니었다. 마르크스주의 비판에서 시작된 수업은 곧장 북한 비난으로 이어졌고, 그 내용은 의심 없이 반복되었다. 이 교육은 공산주의자들에게 나라를 빼앗기지 않으려면 훌륭한 지도자를 중심으로 일치단결해야 한다는 내용으로 마무리됐다. 정권을 잡은 대통령은 민족의 영웅이며, 그를 비판하는 사람은 공산주의자라는 논리였다. 반공이 국시인 나라에서는 반공이라는 이유만으로 모든 허물이 덮였다.

교수는 잠시 머뭇거리다가 영현의 태도를 문제 삼았다.

"학생, 학생은 누구길래 그렇게 무례하게 말하는 겁니까?"

"교수님, 교수님의 말씀에는 아무런 근거가 없습니다. 원전을 언급하시지만, 연구자로서 원전을 읽어보셨는지 여쭤보는 겁니다."

영현의 대답에 강의실이 술렁거렸다.

대학은 학문을 토론하는 장소가 아니었다. 그곳은 일방적으로 정권의 입맛에 맞는 이데올로기를 주입하는 곳에 불과했다.

"야! 너 이리 나와!"

술렁이던 학생들 중 체육과 학생이 한 명 나서서 한영현을 강의실 밖으로 끌어냈다. 화성도 따라 나갔다. 다행히 체육과 학생은 영현을 끌어내기만 했을 뿐 다른 제재는 하지 않았다. 영현도 아무 말도 하지 않고 "다음에 보자"라며 짧게 화성에게 인사하고 떠났다.

소란은 잠잠해졌지만, 화성은 영현이 국민윤리 수업에서 보인 행동에 놀라움을 금치 못했다. 묵묵히 공부만 하던 그였기에 더욱 그랬다. 하지만 한편으로는 너무 눈에 띄는 행동이 화를 부를까 걱정스러웠다. 교수나 학생처 직원들에게 찍히기라도 하면 곤란해질 수 있기 때문이었다.

다행히 다음 수업에서 영현은 더 이상 교수와 논쟁하지 않았다.

그는 그런 행동 자체가 무의미하다고 판단한 것 같았다. 그러나 영현의 내면에서는 입학 이후 지금까지 보아왔던 대학 교육의 초라한 실체에 대한 번민이 들끓고 있었을 것이다.

영현의 내면을 읽었는지 혹은 국민윤리 수업시간의 소란이 계기였는지는 알 수 없지만, 늦은 봄이었던 5월 말, 같은 과 친구인 조길천이 영현에게 말을 걸었다. 입학 후 3개월 동안 데면데면했던 길천은 탈반에 가입해 활동하고 있었다. 길천은 그에게 탈반 활동을 권유했다.

영현은 그 제안을 망설임 없이 받아들였다. 탈반은 그에게 전혀 다른 세계의 문을 열어주었다. 탈반은 사회 변혁에 관심이 많았고, 책과 음악을 좋아하는 영현에게 딱 맞는 서클이었다. 영현은 지금까지 혼자 고민해 왔던 사회 모순에 대해 동료들과 함께 토론하며, 가슴에 맺힌 스트레스를 노래와 탈춤 그리고 꽹과리와 장구로 풀었다. 그는 탈반에서 고전음악과 악기, 탈춤을 배우며 저항문화를 연구하고 현실에 적용하려 많은 책을 읽었다.

탈반은 인문관 지하에 있었다. 매일 수업이 없는 시간에 회원들이 들락거렸다. 서클룸은 장구와 북, 꽹가리 등이 여기저기 널려 있었고, 새로 들어온 회원들에게 악기를 가르치는 선배들의 목소리로 시끄러웠다. 매일 모여 함께 장구와 같은 악기를 배웠고, 탈춤 연습은 인문대 앞 잔디밭이나 대강당을 이용했다.

탈반은 탈춤만을 배우는 장소가 아니었다. 매일 탈춤을 추면서도 남은 시간을 쪼개 책을 읽고 토론하는 운동권 학습 모임이기도 했다. 영현은 자연스레 민중과 함께하는 삶에 젖어 들어갔다. 사회의 구조적 모순은 개인의 삶에 투영될 수밖에 없다. 그래서 영현은 개인사적 문제를 사회로 확장하며 실천하고자 했을 것이다.

또한 탈반은 영현에게 든든한 버팀목이 되어줄 친구들을 선물했다. 부산 출신의 정외과 학생 현정길은 내성적이지만 날카로운 관찰력을 지닌 친구로, 항상 대화를 유쾌하게 이끌었다. 정길이도 가난한 집안 사정으로 장학금을 받아야 학교를 다닐 수 있었지만 가난에 구애받지 않고 항상 여유로운 태도를 보였다. 주위 사람들은 두 사람이 닮았다고 말했다.

영현을 탈반으로 인도한 같은 과 조길천도 소중한 친구였다. 두 사람은 시험공부를 같이하기도 했고, 학비와 생활비를 마련하기 위해 혜화동에 있던 한마당출판사 아르바이트와 방학 중 외판원 생활 등을 하며 친해졌다. 영현은 조길천이 생각하는 방향이나 생활하는 면은 다르지만 서로 닮아가는 친구라고 기록했다.

사학과 이문범은 학생운동을 하던 형의 영향으로 대학에 들어오기 전부터 흥사단 고등학교 아카데미에서 학습했다. 학교 밖에도 학습팀이 있었으나, 학교 내에서도 활동하고자 한양대학교 흥사단 아카데미를 찾았다. 그러나 정권의 탄압으로 한양대 흥사단 아카데미는 언더서클로 전환하여 공식 공간에서는 보이지 않았다. 문범은 고민 끝에 가장 운동성이 강해 보이는 탈반에 가입했다.

국풍81과 저항의 시대

1981년도에 입학한 학생들은 광주민주화운동 세대 또는 졸업정원제 세대로 불렸다. 고3 시절, 광주민중항쟁이 폭력적으로 진압되는 모습을 목격하고, 그 원흉인 전두환이 대통령이 되는 것을 보며 대학에 들어온 이들이다. 이들은 졸업정원제의 첫 세대였고, 정원의 30%가 초과 입학해 서로 경쟁해야 했다. 이에 대한 불만은 컸다.

한양대에도 문과대학에 신설 학과가 생기며 정원이 대폭 증가했다. 1980년까지는 약 2,000명의 입학생 중 300여 명이 문과 계열이었는데, 1981년부터는 약 4,000명의 입학생 중 문과 계열이 1,000명이 넘을 정도로 증가했다. 공대를 기반으로 성장해 온 한양대의 분위기는 전반적으로 크게 달라졌다.

4월 20일경, 한양대 학생들의 절반 정도가 문무대로 입소했다. 주로 문과대 학생들이었다. 그날 아침, 노천극장에 모인 학생들은 인원 점검을 마치고 관광버스에 올라 문무대로 향했다. 숙소에 도착해 군복으로 갈아입고 식사를 마친 뒤 입소식에 참여하게 되었다.

연병장 입구에 가까워질 무렵, 몇몇 학생들 사이에서 소곤거림이 퍼졌다. "입소식을 방해하자"라는 속삭임이 점점 퍼져나갔다. 계획은 단순했다. 기침 소리를 내며 입소식을 방해하자는 것이었다. 예행연습을 마치고 본 입소식이 시작되었다. 실제로 이곳저곳에서 기침 소리가 들려왔다.

입소식을 진행하던 장교는 점점 거슬리는 기침 소리에 신경이 곤두섰다. 마침내 가장 요란하게 기침하는 학생을 지목하며 일어나라고 소리쳤다. 순간 기침 소리는 멈췄다. 장교가 그 학생을 바라보며 물었다.

"왜 기침을 하느냐?"

학생은 침착하게 대답했다.

"감기 기운이 심한 모양입니다."

장교는 잠시 멈칫하며 멍하니 그 학생을 쳐다보았다. 곧, 그는 어쩔 수 없다는 듯이 "그냥 자리에 앉아"라고 말했다. 감기 기운으로 기침이 나온다는데 어찌할 도리가 없었다.

입소식이 재개되자 다시 여기저기서 기침 소리가 들려왔다. 기침 소리는 간헐적으로 계속되었고, 입소식이 끝날 때까지 멈추지 않았다. 누가 주도했는지는 알 수 없었지만, 이 작은 소란은 전두환 정권과 군사훈련에 대한 81학번 대학생들의 거부감을 드러낸 해프닝이었다.

1981년 5월, 전국에서 많은 시위가 벌어졌다. 5월 6일에는 연세대와 동국대에서 동시에 시위가 일어났고, 5월 12일에는 성균관대에서 1,000여 명의 학생이 교내 시위를 벌이며 경찰력과 충돌이 이어졌다. 이들은 종로4가 전매청 앞까지 진출했다. 1980년 5월 이후 첫 거리 시위는 공안 당국을 긴장시켰다.

'국풍81'이라는 관제 행사가 5월 28일부터 6월 1일까지 여의도에서 개최되었다. 대학생들의 문화예술활동을 친정부적인 것으로 유도하려는 문화정책의 하나로, 학생들의 에너지를 다른 곳으로 돌리려는 의도였다. 전두환의 언론 통제 정책을 만들고 실천한 허문도의 기획으로, 민족민중예술을 하는 시인 김지하, 작곡가 김민기, 소리꾼 임진택 등을 모두 국풍81에 참가시켜 제도권 내로 끌어들이려 했다. 전두환 정권은 연탈의 주축 멤버들과 임진택까지 청와대로 직접 불러 회유할 정도로 적극적이었다. 김지하를 찾아 원주까지 술을 사 들고 갔지만 모두 거절당했다.

허문도는 연탈 대표에 대한 협박과 회유를 계속했다. '국풍81'에 참여하면 돈도 주고 활동도 보장하겠지만, 그렇지 않으면 연탈을 깨버리겠다는 위협이었다. 연탈 지도부로서는 고민하지 않을 수 없었다. 그러나 광주항쟁 1주기를 맞는 5월에 여의도에서 놀자판을 벌이겠다는 정권의 의도를 꿰뚫어 본 연탈 지도부는 오히려 전국을 돌며 각 대학 문화팀에 '국풍81' 거부를 권유했다. 그 결과 전국 100여 개에 달하는 탈반 중 영남대 하나를 빼고 모든 탈반이 참가를 거부했다. 저들은 구색을 맞추기 위해 서울대 탈반 출신으로 군대에 있던 인원을 모아 서울대 탈반이라는 이름으로 참석시키는 웃지 못할 촌극까지 벌였다.

한양대에서도 관제 행사에 대한 저항을 위해 문과대 1학년 반 대표들이 모였다. 이들은 국풍81을 반대하는 의미로 수업 거부를 결정하고 이를 실행에 옮겼다. 국풍81의 첫날이었던 5월 28일, 사학과와 사회계열 그리고 어문계열 일부 학생들이 수업을 거부하며 저항의 뜻을 밝혔다. 오전 수업이 시작되자마자 이들은 강의실을 비웠다. 그러나 이 소식은 곧바로 학교와 성동경찰서에 전달되었다. 수업을 거부한 반 대표들은 교학과로 호출되었고, 이내 수업 거부는 지지부진해졌다.

교학과에 소환된 반 대표들은 곧 성동경찰서로 연행돼 조사를 받았다. 긴장감이 감도는 조사실에서도 학생들은 자신들의 신념을 굽히지 않았다. 조사 결과, 이들이 1학년이며 배후 세력이 없다는 점, 그리고 학생처의 선처 요청 덕분에 상황은 크게 악화하지 않았다. 저녁이 되자, 학생들은 훈방 조치로 풀려났다.

학생들은 조용히 학교로 돌아왔다. 비록 그들의 수업 거부는 성과 없이 끝났지만, 5.18 광주항쟁의 기억을 지키고자 하는 의지의 표현이었고, 앞으로도 계속될 투쟁의 시작이었다.

6월 1일, 여의도에서 국풍81 행사의 절정이 벌어졌다. 각 대학 운동권 학생들은 국풍이 열리는 여의도 광장으로 몰려갔다. 100만 인파가 몰린 여의도에서 이들은 구경 대신 '살인정권 타도'를 외치며 스크럼을 짜고 열심히 뛰어다녔다.

학생들과 구경꾼이 뒤섞이며 경찰도 이를 제지할 수 없었다. 학생들은 경찰이 몰려들면 인파 속으로 사라지고, 경찰이 사라지면 다시 나와 구호를 외치며 시위를 이어갔다. 이문범도 이날 여의도를 구석구석 돌아다니며 시위에 참여했다. 이문범은 "답답했던 시절, 속이 뻥 뚫리는 기분이었다"라고 회상했다.

당시 진행본부에서는 장내 방송을 통해 자녀를 대동하고 온 관객들의 귀가를 종용하였고, 라디오와 TV 화면에는 스폿 방송으로 "여의도에 인파가 몰리고 있으니 집에서 시청해 주십시오"라는 안내와 자막이 송출되었다.

축제로 민심을 달래보려던 정권은 당황했다. 국풍 행사는 그 후 다시는 개최되지 않았고, 연탈은 다시 한번 정권에 찍히게 되었다.

제3과장
사당춤

세미나

탈반에 들어간 영현은 5월부터 7월 중순까지 이어진 탈반 학습 모임에 꾸준히 참여하였다. 연탈에서도 활동하고 있던 화공과 78학번 박상대가 주도하여 토론 학습을 진행했다.

『전환시대의 논리』, 『서양경제사론』 같은 교재를 함께 읽고, 주 1회 이상 모여 깊이 있는 토론을 나누었다. 당시에는 이런 학습 모임을 '세미나'라고 불렀다. 영현은 새로운 학습방식에 신선한 충격을 받았다. 그동안 혼자 책을 읽고 사회 현상과 구조에 대한 지식을 쌓아왔지만, 선배가 주도하고 여러 사람이 함께 토론하는 것은 완전히 다른 경험이었다.

토론은 주로 문리대 지하에 있던 탈반 서클룸에서 이루어졌다. 영현을 포함하여 태문, 문범, 길천, 승재, 윤철, 두영, 정길 그리고 고윤혁, 나운, 현숙 등 81학번을 중심으로 보통 6~7명 정도가 참여했다.

세미나나 탈춤 연습을 마치면 학교 부근 주점인 할머니집이나 탈반 회원의 자취방을 전전하며 다양한 토론과 대화가 이루어졌다.

매 세미나는 깊이 있고 열정적이었다. 첫 모임에서 박상대는 "우리는 지난 12년 동안 비판할 기회조차 빼앗겨왔다"라고 말문을 열었다. 그는 "오늘날 한국적 상황에서 지식인은 특권 의식을 버리고 민중과 함께 호흡해야 한다"라며 한국 사회의 상황 인식에 대한 토론을 이끌었다.

토론이 이어질수록 주제도 점점 대담해졌다. 세미나를 통해 영현은 고도성장의 허울 속에서 수출 제일주의로 인한 저임금과 저곡가농산물 정책으로 분배 면에서 소외당한 민중 계층의 실상에 대해 인식할 수 있었다. 부조리한 한국 경제와 정치의 모순과 불합리를 타개해야 한다는 결론이 나면서 다른 이들처럼 영현은 고개를 끄덕였다.

또한, 한국 사회에서 학생운동의 역할에 대해 "지배 계급의 세련된 방법을 통한 지배와 착취로 인해 노동자 계급은 자기의 착취 상황을 인식하지 못하고 혁명적 감각이 둔해졌다. 그러므로 사회 변화의 주체 세력은 학생과 지식인이 되어야 한다"라는 결론에 이르렀을 때, 영현뿐 아니라 다른 학생들의 표정도 진지함으로 가득했다.

1981년 2학기가 끝날 무렵, 영현과 박혜영은 헤어졌다. 대학 진학 후 영현과 혜영은 가치관 충돌을 자주 빚었다. 혜영은 과거에 비해 만날 시간도 부족할뿐더러 탈반에 몰입하여 정신없는 시간을 보내는 영현을 마뜩잖게 생각하고 있었고, 영현은 혜영이 자유주의자처럼 행동하는 것에 불만이 생겼다.

혜영은 개인의 행동이 타인에게 피해를 주지 않는다면 누구에게든 간섭받아서는 안 된다는 입장이었으며, 영현은 우리 민족에게는 '우리의 것'이 있고 진정한 자유는 사고와 창조에 있다는 생각을 굽히지 않았다.

두 사람의 대화는 평행선만을 그렸다. 영현이 꿈꾸는 변혁의 열정과 혜영이 추구하는 개인적 삶의 가치는 좀처럼 교차점을 찾지 못했다. 서로의 생각을 이해하기보다 불만만 쌓여갔고, 결국 두 사람의 관계는 점점 소원해졌다. 몇 번의 의견충돌을 거치며 결국 둘은 좋은 친구로 남기로 했다. 그 무렵 영현은 친구 김인서에게 자기는 학생운동에 집중할 테니 혜영을 잘 보호해달라는 부탁을 건넸다.

9월 인천교대 축제 때 영현이 혜영의 학교를 찾았다. 탈춤 공연 뒤풀이 때 영현은 사람들과 어울려 춤을 추었다. 혜영은 그걸 지켜보며 둘의 관계에 대해 돌이켜봤다. 고1 때부터 친구들과 너무 많이 얽혀 있어서 둘은 떼려야 뗄 수 없는 관계였다. 사춘기를 함께 겪고 어른이 된 그때까지 추억이 많았으며, 혜영은 특히 영현의 부모 일을 생각하면 애틋했다. '지금 우리는 무슨 관계일까' 생각하는 혜영의 눈동자에 덩실덩실 춤추는 영현이 비쳤다.

농활과 합숙

　이즈음 탈반 내부에서 '전통탈'과 '운동탈' 간의 갈등이 조금씩 구체화되었다. 전자는 창립을 주도했던 고학번들로 병역을 마치고 복학한 선배들 위주였고, 후자는 78학번 박상대와 아래 학번들이었다. 영현과 정길 같은 81학번은 대다수가 운동탈을 지향했다. 전통탈을 지향하는 회원과 운동권 서클의 모습을 드러내야 한다고 주장하는 회원 간의 대립은 갈수록 치열해졌다. 이제 탈반은 하나의 서클이 아니라 두 개의 서로 다른 서클이 하나의 공간을 점유하는 모습이 되었다.

　방학 중 탈반 활동을 놓고서도 학도호국단이 주도하는 농활을 갈 것인가, 구성원의 운동성을 높이기 위한 합숙을 갈 것인가를 놓고 논쟁이 있었다. 논쟁이 더 커지기 전에 양측은 협의하여 전통탈이 주장하는 농활을 가기로 했다. 하지만 앙금은 여전히 남았다.

결정에 따라 충청남도 천원군 북면으로 교내 각 서클이 연합해 총 100여 명이 9박 10일간 농촌 봉사활동을 실시했다. 탈반은 안산 캠퍼스의 탈반을 포함하여 20명가량이 동참했다. 탈반이 활동한 지역은 통학생을 위한 버스가 하루에 한 번 왕복할 정도로 외진 곳이었다.

주민들은 처음에 정부의 입김으로 대학생 농활에 부정적인 생각을 가지고 있었다. 그러나 길을 넓히고, 소독을 하고, 마을 정자 건립을 돕고, 밤에는 야학을 여는 등 묵묵히 할 일을 찾아 열심히 일한 덕분에 주민들의 인식이 바뀌었다. 주민들은 국수를 만들어 오기도 하고, 집으로 초대하기도 했다. 하루 일과가 마무리되는 밤에는 정부의 농업 정책 비판과 한국 농촌 경제의 피폐성 등에 대한 활발한 토론회를 열었다.

농활 기간 중 이태문이 갑자기 아파서 회원들이 손발을 바늘로 따고 주무르는 등 한바탕 소동이 벌어지기도 했다. 아쉬움을 남기고 떠나던 날, 주민들은 추석에 꼭 들러달라고 신신당부했다.

여름 농활을 마친 후 가진 총평에서 농활에 대한 사전 지식의 부족과 준비의 소홀, 활동 내용의 부실함 등이 지적 사항으로 거론되었다. 농활을 마치고 돌아와서는 곧이어 운동탈이 주최하는 합숙도 따로 진행되었다. 방학이지만 쉴 틈 없는 강행군이었다.

동계 민속연수회가 고성으로 결정되면서 연수비를 마련하는 것도 문제였다. 정부가 대학생들 과외 수업을 금지한 상태여서 대학생들의 주머니는 빈약했다. 일부 학생들은 몰래 과외 수업을 하기도 했지만 쉽지 않았다. 연수비용을 마련하기 위해 탈반 회원들은 여운승 교수의 알선으로 오뚜기식품 설문 조사요원으로 참여했다. 조를 짜서 동대문운동장과 무학여고 앞 두 곳에 교통질서 요원으로도 참여했다. 연수비에 충당하고도 남을 정도로 아르바이트 수입을 짭짤하게 올렸다.

가을학기가 시작되면서 탈반에도 몇 가지 작지만 의미를 지닌 변화가 생겼다.

이문범이 탈반을 탈퇴했다. 유달리 키가 큰 문범은 선배들로부터 춤사위에 관한 특별 지도까지 받았지만 빼어난 춤사위를 선보이지는 못했다. 게다가 민중의 삶과 의식을 느끼려고 탈반에 가입했던 문범에겐 탈춤이 주가 되고 사회과학 학습을 보조적으로 진행하는 커리큘럼이 기능주의라는 생각이 들어 힘들었다. 결국 문범은 고민 끝에 7월 초 탈반을 정리하고 2학기가 시작할 무렵 78학번 박상대의 소개로 언더서클인 인문사회연구회에 들어갔다.

또, 운동탈을 대표하던 박상대가 8월에 입대했다. 다른 78학번 홍한표도 비슷한 시기에 입대했다. 그 무렵 현정길은 기청 탈패에 연결되어 외부 활동을 시작하였다.

무엇보다도 큰 변화는 영현이 80학번 윤두형의 소개로 연탈 학습 모임에 들어가게 된 것이었다. 이 연탈 학습 모임은 각 대학 탈반의 81학번을 대상으로 81년 가을부터 82년 말까지 계속되었다.

한편, 영현과 정길은 외부 활동도 하면서 탈반 일도 게을리하지 않았다. 가을이 시작되는 1981년 9월부터 운동탈은 79학번 정수경과 80학번 윤두형이 주축이 되어 81학번들과 함께 창작극을 공연하기로 하고 준비 작업을 시작했다.

81학번 10여 명이 참가하여 김지하 작 '오적'을 재해석한 씻김탈굿을 만들었다. '오적'은 필화사건으로 비화하면서 시인 김지하를 세상에 알려지게 했던 유명한 작품이다. 이 작품을 토대로 상층계급에 의한 하층 구조의 수탈, 현 지배계급에 대한 비판과 투쟁 의식 등을 묘사했다.

학교에 공연 집회 허가를 요청했으나 학생처는 문제가 될 것을 우려해 승인하지 않았다. 부득이하게 운동탈 구성원들은 11월 초 교내 운동 성향 학생들과 타 대학 탈춤반 등 30여 명을 초청하여 리허설 삼아 문과대 지하 휴게실을 빌려 공연을 했다. 완성도가 높아 관람객들은 호평했지만, 학생처의 승인이 없는 공연으로 인해 창작에 참여했던 1학년들이 불려가 조사를 받고, 재발 방지 서약서를 작성하고 훈방되었다.

이 사건으로 인해 탈반은 학교와 정보 당국으로부터 더욱 주목받는 서클이 되었고, 한편으로 운동탈과 전통탈 사이의 거리는 회복할 수 없을 만큼 멀어졌다. 전통탈을 주장하는 선배들 사이에 운동권 경향 학생들이 들어와 탈반을 망가뜨린다는 인식이 커지면서 골이 깊어졌다.

끌려가는 학생들

1981년 5월, 전국적인 학생 시위의 배후 세력으로 흥사단 아카데미가 지목되었다. 5월 말 이태복이 연행되면서 '학림사건'에 대한 수사가 별다른 소문도 없이 전방위로 확대되었다. 7월 초에는 한양대에서도 신문방송학과 79학번 윤관석이 남영동 치안본부 대공분실로 끌려가며 한양대에 대한 조사가 시작되었다. 한양대는 학생운동이 비교적 약한 편이었기에 당국은 다른 주요 대학들을 먼저 수사하고 마지막에 한양대를 정리하는 방식으로 사건을 진행했다.

성동경찰서가 주관이 되어 한양대와 시립대 등 동부지역 대학생 30여 명을 무더기로 연행했다. 한양대에서는 윤관석이 지도휴학 처분을 받았고, 81학번 박병욱과 심흥기, 엄주선 등 약 10명이 성동서로 끌려가 진술서를 쓰고 며칠간 감금되었다가 훈방되었다.

학림사건은 이전 무림사건과 마찬가지로 학생운동의 뿌리를 말살하려는 정권의 의도가 깔려 있었고, 그만큼 조사 과정도 무자비하기로 악명이 높았다. 특히 연행되었던 1학년들은 갓 학생운동에 눈뜨던 시기에 체포되어 조사를 받고 풀려나면서, 이루 말할 수 없는 심적 부담감을 져야 했다고 토로했다.

1981년 9월의 어느 무더운 날, 침체된 운동권 분위기를 뒤집기 위해 언더 팀 회원들이 은밀히 시위를 준비했다. 국제경제연구회 소속 경제학과 79학번 박세원은 수원에서 야학 활동을 해온 흥사단 아카데미 출신 기계공학과 78학번 이수만과 80학번 복영호와 함께 10월 21일 한양대 체육대회 행사에서 시위를 벌이기로 계획했다. 총장의 개회사가 끝나는 순간을 틈타 운동장에서 시위를 주도하고 학생들을 조직화하겠다는 작전이었다.

이수만은 집에서 밤새 혼자 등사기로 유인물을 찍어냈고, 복영호는 81학번 여자 후배의 가방을 빌려 그 안에 유인물과 시위에 필요한 물품들을 채워 넣었다. 두 사람은 약속된 장소에서 만나 술을 곁들인 저녁을 먹으며 다음 날 전개될 시위를 치밀하게 점검했다.

10월 21일 체육대회 당일, 학교 근처 여인숙에서 나온 이수만과 박세원은 곧바로 대운동장으로 향했다. 박세원은 공대 학생들이 모인 쪽에 섞여 대기했고, 이수만은 문리대 대열에 숨어 들어가 때를 기다렸다. 복영호는 정문을 통해 들어가 운동장 식당 뒤편에 미리 자리를 잡았다.

마침내 총장의 인사말이 끝나자 박세원이 먼저 "민주 학우여, 전두환을 타도하자!"라고 구호를 외치며 메고 있던 등산가방 속 유인물을 운동장에 뿌렸다. 이를 신호로 이수만도 같은 구호를 외치며 준비해 온 유인물을 사방으로 살포했다. 그러나 곧바로 학생들 틈에 숨어 있던 형사들이 번개처럼 달려들어 주동자인 두 사람을 순식간에 제압했다.

식당 뒤쪽에 대기하고 있던 복영호는 재빨리 근처 플라타너스 나무에 올라가 휴대용 확성기를 꺼내 들고 높은 가지 위에서 힘껏 구호를 외치기 시작했다.

"전두환을 타도하자!"

복영호의 외침이 운동장에 울려 퍼지자, 일순 정적이 흘렀다. 이내 여기저기서 술렁임과 함께 학생들이 웅성거리기 시작했다. 몇몇 학생이 급히 스크럼을 짜고 구호를 따라 외치려 했지만 사복 형사들이 순식간에 달려들어 그들의 어깨를 거칠게 잡아챘다.

그 아수라장 속에서 한영현과 원두영을 비롯한 10여 명의 학생이 복영호가 올라간 나무를 향해 필사적으로 달려갔다. 교수와 교직원들은 나무 주변을 둘러싸고 학생들의 접근을 막았다. 행사 진행을 맡은 여성 사회자는 당황했지만 곧 마이크 볼륨을 한껏 높이고 아무 일도 없다는 듯 체육대회를 진행하려 애썼다. 사회자의 마이크 소리에 복영호의 외침은 차츰 묻혀 갔다.

1학년 장윤철은 옆에 있던 문범에게 "사회자가 진행을 못하게 전원선을 끊어버리자"라고 제안했지만, 행사 진행 요원들과 경찰들이 주변에 깔려 있어 실행에 옮길 수 없었다. 현정길은 분을 삭이지 못한 채 여성 사회자를 날 선 눈빛으로 노려볼 수밖에 없었다.

복영호는 단호한 눈빛으로 등산용 작은 칼을 꺼내 들었다. 그는 망설임 없이 자신의 오른 손목을 그었다. 그렇게 피를 흘리면서 그는 거듭 결사의 구호를 외쳤다.

"학우들의 민주적 외침을 탄압하지 말라!"

아래에서 상황을 지켜보던 사복형사 한 명이 나무를 타고 올라 복영호에게 다가가려 했다. 그러나 복영호가 손에 든 칼을 번뜩이며 더욱 위쪽 가지로 올라가자 형사는 접근을 포기하고 그대로 내려올 수밖에 없었다. 홀로 나무 위에 고립된 복영호는 잠시도 멈추지 않고 그 자리에서 유인물에 적힌 내용을 낭독하고 노래를 부르며 연이어 구호를 외쳤다.

"대량 학살의 주모자 전두환은 민족적 양심을 느끼고 물러가라!"

"파쇼 집단의 어용 문교부 장관 이규호는 즉각 사퇴하라!"
"구속된 인사들을 모두 석방하라!"

복영호의 외침이 여러 구호로 이어졌다. 운동장 공기는 일순간 숨죽은 듯 얼어붙었다.

한참 동안 구호를 외치던 복영호의 얼굴은 긴장감으로 새하얗게 질려갔다. 그렇게 나무 위에서 혼자 버틴 지 약 40분이 지나자 마침내 소방서의 사다리차가 현장에 도착했다. 복영호는 사다리가 다가오자 온몸을 흔들며 필사적으로 저항했지만, 결국 나무 아래로 끌려 내려와 경찰에 연행되고 말았다.

멀찍이서 복영호를 지켜보던 한영현과 원두영은 재빨리 학생회 서클룸으로 몸을 피했다. 그러나 형사 한 명이 그들 뒤를 바짝 쫓아 서클룸까지 들이닥쳤다. 서클룸 안을 훑어본 형사는 "당장 나가!" 하고 호통을 쳤다. 영현과 두영은 더 큰 소란을 피하기 위해 고개를 숙인 채 조용히 그 자리를 빠져나왔다.

이수만, 박세원, 복영호 세 사람 모두 구속되어 징역형을 선고받았다. 이날 한양대 체육대회장에서 벌어진 시위는 당시 대학가 시위 역사에 한 가지 진기록을 남겼다. 주동자들이 체포되지 않은 채 40분 가까이 시위를 지속한 것이다. 경찰병력이 늘 캠퍼스에 주둔하던 시대였다. 주동자들은 최대한 붙잡히지 않고 버티면서 시위대가 형성되기를 기다렸다. 이를 위해 도서관 난간이나 건물 옥상에 올라가 시위를 주도하기도 했고, 심지어 밧줄에 매달려 고공농성을 시도하기도 했다.

보통 시위대가 스크럼을 제대로 갖추기도 전, 10분 남짓이면 주동자가 체포되어 시위 자체가 와해되곤 했다. 그런데 이날은 복영호가 나무 위로 올라가 약 40분간이나 버티는 바람에 경찰은 속수무책으로 시간을 보낼 수밖에 없었다.

이 사건 이후 당국은 시위가 예상되는 장소의 큰 나무마다 형사 한 명씩을 미리 배치함으로써 학생 주동자들이 나무에 오르지 못하도록 각 경찰서에 지시를 내렸다.

한편, 1981년 10월 초, 가을바람이 선선하게 불던 어느 날이었다. 한양대 유네스코 학생회가 주최한 캠프가 열렸다. 10여 명의 학생이 모여 사회체제에 대한 비판과 학생운동의 전위적 역할을 강조하는 '새물결 학생운동 선언문'을 발표했다. 선언문은 강력한 어조로 기존의 사회체제를 비판하며, 학생들이 앞장서서 변화를 이끌어야 한다는 메시지를 담았다.

이어서 11월 7일 열린 유네스코학생회 창립총회 기념식에서는 학생회를 본격적인 이념 서클로 발전시키자는 취지의 회지가 배포되었다. 바로 그 회지 내용이 문제가 되어, 기념식 이후 몇몇 회원이 긴급 연행되고 말았다.

경찰은 연행한 유네스코학생회 회원들을 강도 높게 조사했다. 다행히 사건은 유네스코학생회 임원인 강진갑이 학교 측으로부터 징계를 받는 선에서 마무리되었다.

전두환 정권의 폭압 통치에 맞서 학생들의 의식 수준이 점차 높아져 갔다. 사회의 민주화를 위해 작지만 의미 있는 행동들이 하나둘씩 구체적인 모습으로 드러나기 시작했다.

연탈 세미나, 노동야학

연탈은 통상 연탈 또는 전국대학생탈반연합으로 불렸지만 공식적인 이름도 회칙도 없었다. 7명의 총무가 있어 각자의 역할을 담당했고, 수석총무가 회장 역할을 했지만 공식적인 직함은 아니었다. 연탈은 그 자체가 학생운동의 공동 외곽 조직으로 당시 시대 상황을 반영한 듯 합법과 비합법의 경계 위에 아슬아슬하게 자리잡고 있었다.

다른 사람이 하는 일에 대해 알려 하지 않았으며, 내가 하는 일에 대해서도 필요하지 않으면 타인에게 말하는 법이 없었다. 연탈 내에서 야학이나 현장 투신 같은 활동을 소개하는 일들은 있었지만 철저히 개인과 개인 차원에서만 이루어졌다.

영현은 1981년 가을부터 연탈 세미나 모임에 열심히 참여했다.

세미나는 서울대 탈반 80학번 강지영의 주도로 매주 혹은 한 달에 한두 번씩 사회과학 입문서, 한국 근현대사와 정치경제학 서적을 읽고 토론했다. 서울여대 탈반 81학번 김인경은 당시 영현을 이렇게 기억한다.

"그는 항상 앞장서서 질문을 던지고 토론을 이끌었다. 늘 활발하게 참여하면서 자신만의 견해를 열정적으로 펼쳤다."

세미나를 이끌었던 강지영에게 한영현은 유독 뜨거운 청년으로 기억되었다. 세미나에서 그의 발언은 늘 불꽃 같았다.

"독재 타도! 결국 혁명으로 뒤집어야 합니다!"

그의 외침은 단순한 구호를 넘어 듣는 이의 가슴에 불을 지르고 당장 행동하도록 촉구하는 듯한 절박한 힘이 있었다. 강지영은 한양대 내에서 그의 뜨거움을 온전히 이해하고 이끌어줄 선배 그룹이 없는 현실과, 탈반 내부의 갈등으로 고립감을 느꼈을 영현의 처지를 누구보다 안타깝게 여겼다. 그래서 더욱 그가 마음에 들었고 가까이 다가가려 노력했다. 1982년 3월 강지영은 세미나 지도에서 빠지게 되었지만, 다른 선배가 투입되면서 12월까지 지속되었다.

이 시기 영현은 지역의 야학에도 참여했다. 인천대 79학번 홍성복은 빈민운동가 제정구 선생이 만든 '복음자리'를 통해 이화여대 77학번 구재연과 함께 1981년 겨울부터 부천 삼정동에서 연립주

택 2층 집을 빌려 노동야학을 열었다. 삼정동, 약대동, 내동 지역 공장 노동자를 대상자로 일주일에 2~3회 야학을 운영하면서 국어·영어·한문·노동법 등을 교육했는데 영현도 여기에 참여한 것이다.

구재연과 홍성복은 영현이 연탈에서 노동현장 활동에 관심이 있다고 소개를 받았다. 구재연은 영현이 순수하고 사람을 잘 따르며 드라마틱하다는 인상과 함께 운동에 대한 열의가 강했다고 기억했다.

부천 야학은 홍성복이 1982년 7월 영등포서 대공과에 연행되면서 잠시 경찰의 수사를 받았다. 이때 연탈의 1979-80년도 회장이었던 구재연과 서울대 연성수, 인천대 심상준 등이 같이 조사를 받았다. 구재연은 경찰이 연탈의 멤버 중 서울대 75학번으로 문화패 출신이었던 연성수를 묶어 조직사건을 만들려 했는데 연결점이 없어 무산되었다고 그때의 일들을 떠올렸다. 이때 영현은 저학년이라 조사를 받지 않았다.

구재연 등이 조사를 받고 풀려났지만, 영현이 참여했던 부천 삼정동 야학은 경찰의 일제 단속이 예고되던 1982년 말 문을 닫았다. 노동야학은 학생들이 야학교사로 참여하여 노동자들과 직접 접촉하고 노동문제에 개입하는 장이었다. 이런 이유로 노동야학이 노동운동으로 연결되는 지점을 주목하던 경찰은 1년 동안 내사하여 1983년 말쯤 전국적으로 야학교사 300여 명과 노동자

200여 명을 연행하는 야학연합회 사건을 만들어 탄압했다.

한편 영현은 연탈 세미나를 거치면서 학생 운동가로 조금씩 성장했다. 세미나 과정이 깊어지고 지역 노동야학에 자원해서 참여했던 시기부터 영현은 자신의 구체적인 신상 정보가 드러나는 사진이나 기록 등의 정보를 스스로 파기하기 시작했다.

운동 탈반

어느 겨울의 늦은 저녁, 영현은 현정길의 자취방을 찾았다. 그는 낮고 단호한 목소리로 말했다.

"질곡된 세상을 바꾸려면 노동자가 앞장서야 해. 우리가 기득권을 내려놓고 노동자들과 함께 싸울 때만이 바른 세상을 만들 수 있어."

이어서 그는 학교를 다니는 것에 큰 의미를 느끼지 못한다며, 지금 자신이 해야 할 일은 따로 있다는 듯한 표정으로 말했다. 반면, 정길은 '학생은 학생운동을 주도해야 하고 자연스레 노동운동에 합류하는 것'이라고 생각했다.

향후 개개인의 활동 중심을 어디에 놓고 시작할 것인가를 따지는 중요한 문제로, 이런 논쟁은 끊임없이 이어졌다. 인문관 지하 탈반 서클룸에서는 가끔 정길과 태문, 영현의 목소리가 뒤얽혔다.

나름 치열한 사상투쟁이었다. 그 무렵부터 영현의 활동 중심은 연탈과 지역 노동운동 지원 쪽으로 좀 더 경도되었다. 영현은 학교를 그만두고 노동자들과 함께하는 야학 준비에 몰두했다. 학교에 대한 애착은 별로 없었지만, 탈반 후배들을 지도하는 데는 누구보다 열정적이었다. 후배들도 그런 영현을 믿고 따랐다.

고성오광대춤을 출 때, 후배들은 형식적인 동작보다 한영현이 추는 크고 자유로운 몸짓에 더 매료되었다. 그는 춤을 단순한 동작의 반복이 아닌, 자신의 주체성을 드러내는 행위로 만들었고, 후배들 역시 그의 춤을 배우고자 했다. 그가 추는 고성오광대는 그 자체로 하나의 태도였고, 정신이었다.

그러나 그가 후배들의 마음을 얻은 건 단지 춤 솜씨 때문만은 아니었다.

"영현이가 후배들을 사로잡은 건 마음 씀씀이 때문이었다. 후배를 챙기는 마음이 아주 남달랐다. 늘 자정이 넘으면 소주 한 병씩 들고 자취방에 찾아와 후배들의 고민을 들어주곤 했다"라고 정길은 회상했다.

1982년 영현은 세미나와 지역 야학, 학교 탈반 활동으로 좀 더 바빠졌다. 탈반 후배들이 생기면서 세미나 지도까지 해야 했다. 여름방학엔 덕성여대에서 고성오광대춤을 가르쳐주고 5만 원을 받는 등 타 대학에 나가 춤을 가르쳐주고 약간의 돈을 받아 용돈도 쓰고 책도 사서 보며 열심히 공부하고 움직였다. 이 무렵 그는 연탈에서 서울여대 79학번 선배 권영숙을 알게 되었고, 선후배 관계에서 좀 더 발전하게 되었다.

영현이 외부 활동에 집중하는 동안, 학교 상황은 좀 더 나빠졌다. 1982년 3월이 되자 운동탈에 거부감을 표현해 왔던 전통탈 고수 회원들이 운동탈 멤버들을 제외한 채, '한양민속예술연구회'라는 이름으로 서클 재등록을 신청했다. 운동탈이 부랴부랴 '한양민속연구회'로 등록을 신청했지만 학생처는 거부하였다. 그때까지 존재했던 탈반이 사라진 것이다.

원칙적으로 등록을 신청한 서클의 명칭과 목적이 유사할 경우 기존 서클이 등록되고 신규 서클 등록을 배제하였으나 학교 당국은 이 규정을 뒤집어 버렸다. 눈엣가시 같았던 탈반을 정리하기 위해 학교 당국이 미리 조율한 것으로도 해석할 수 있다. 학교에서 인정한 등록 서클은 서클룸을 사용할 수 있었을 뿐 아니라, 합법 서클이라는 보호막 아래 회원을 모집하고 공개적으로 서클을 유지할 수 있었지만, 미등록 서클은 그런 혜택을 받을 수 없었다. 운동탈은 하루아침에 불법 서클이 되어 서클룸에서 쫓겨났다.

운동탈은 분노를 삼키며 물러났고, 어쩔 수 없이 미등록 언더서클이 되었다. 그러나 구성원들의 활동도 끝낼 수는 없었다. 80학번 윤두형과 영현을 포함한 81학번 6명은 운동탈 유지 방안을 논의했다. 탈춤이 지향하는 민중문화의 뿌리를 포기할 수 없었던 운동탈은 이태문을 새롭게 발족한 전통탈 한양민속예술연구회에 재가입시키고, 원두영과 한영현은 운사(UNSA) 즉 국제연합학생회로 보냈다. 운사는 세계의 문화에 대한 탐구를 목적으로 만든 서클이라 회원들에게 탈춤을 가르칠 수 있었다. 그렇게 등록된 서클에서 활동하며 신입생 중 운동에 뜻을 가진 사람을 끌어오려 했던 것이다.

어려운 상황에도 운동탈은 3월부터 7월까지 주 1~2회 자취방이나 중국집 등에서 세미나를 이어갔다. 82학번 신입생들도 한두 명씩 들어와 7월에는 양평에서 10여 명이 9박10일 합숙도 진행했다. 가을에는 82학번이 5명으로 늘어 두 팀으로 팀을 나누고 각 팀 세미나 지도를 현정길과 한영현이 전담했다. 한영현이 담당한 팀은 모임 결성이 늦었지만 더 많은 후배를 성장시켰다. 진심 어린 관심과 헌신 그리고 그가 품고 있던 신념이 후배들에게 자연스럽게 전해졌기 때문이었다.

80학번 윤두형이 9월에 입대하며 운동탈은 영현을 포함한 81학번이 최고학번이 되었다.

1982년 말, 세종문화회관 뒤의 작은 중국집에서 영현과 운동탈 동료들은 저녁 식사를 하고 있었다. 창문 너머 어느 교회에서 운동가요가 흘러나왔다.

"광화문 네거리에서도 운동가요를 부르는 사람이 있구나."

누군가 노래를 부르는 사람의 열정과 담대함에 감탄하고 있을 때 "저기 보이는 곳이 청와대지? 폭탄만 있으면 가서 자폭했으면 좋겠다"라는 영현의 중얼거리는 소리를 듣고 다들 놀랐다. 영현의 생각은 다소 과격해 보였는데 그는 그런 모습을 굳이 숨기지 않았다.

이런 태도 때문에 영현은 동료들에게 깊은 인상을 남겼다. 누구나 영현을 생각하면 강렬한 눈빛을 먼저 떠올렸다. 실천으로 옮기는 결단력도 의심할 여지가 없어 보였다. 게다가 학습능력도 뛰어났다. 연탈 선배들조차 그의 지적인 면모를 인정하고 존중했다.

그러나 집에서의 영현은 달랐다. 형 강현의 말에 따르면, 영현은 황소고집이었지만 늘 성실했고, 불쌍한 사람을 보면 도와주려고 하는 마음이 강했다. 사회문제에 대한 의견충돌이 있었음에도 가족들은 그가 운동에 참여하고 있다는 사실을 전혀 몰랐다.

불림

낙양동천 이화정 (洛陽洞天 梨花亭)
낙양성에 신선들이 노니는 배꽃이 피어난 정자

녹두꽃

1982년 봄이었다. 이우영은 덥수룩한 머리와 햇볕에 짙게 그을린 얼굴의 한영현을 처음 마주했다. 탈반에 가입해서 처음 선배들과 만나는 자리였다. 후줄근한 모습으로 등장한 선배들의 모습은 낯설고 생경했지만, 이우영은 영현에게서 알 수 없는 끌림과 더불어 희미한 두려움 같은 것을 동시에 느꼈다. 영현의 눈빛은 짙은 안개처럼 흐릿했지만, 그 속에는 오래된 슬픔과 분노가 가라앉아 있는 듯했다.

"오늘 후배들 본다고 세수도 하고 이발도 하고 면도까지 했다니까~."

어떤 선배가 던진 농담에 모두 웃음을 터뜨렸지만, 이우영은 웃음 대신 묘한 따뜻함을 느꼈다. 지저분한 손으로 거칠고 서툴게 만들어진 주먹밥 한 덩이가 손에 놓였을 때, 우영은 그 짭조름한 맛에서 투박하지만 진솔한 인간미를 맛보았다.

뒤이어 벌어진 장기자랑에서 원두영 선배가 등장했다. 이름을 따서 원두막이라는 별명으로 불리는 두영 선배가 과장된 몸짓으로 분위기를 띄우자 웃음소리가 마당을 메웠다. 하지만 한영현이 무대에 섰을 때는 달랐다. 그가 부른 '녹두꽃'의 첫 소절이 시작되자 공간은 순식간에 적막해졌다. 그의 목소리는 처절하고 애달팠다. 영현의 '녹두꽃'에는 그의 삶의 무게와 깊이가 고스란히 담겨 있었다.

> 빈손 가득히 움켜쥔 햇살에 살아
> 벽에도 쇠창살에도 노을로 붉게 살아
>
> 타네 불타네
> 깊은 밤 넋 속의 깊고 깊은
> 상처에 살아 모질수록 매질 아래
>
> 날이 갈수록 흡뜨는
> 거역의 눈동자에 핏발로 살아
> 열쇠 소리 사라져 버린 밤은 끝없고

끝없이 혀는 짤리어 굳고
굳은 벽 속의
마지막 통곡으로 살아
타네 불타네

녹두꽃이 타네
별 푸른 시구문 아래 목 베어
횃불 아래 횃불이여
그슬려라 하늘을 온 세상을

번득이는 총검 아래
비웃음 아래
너희 나를 육시토록
끝끝내 살아.

노래를 마친 후에도 한영현의 눈빛은 자신의 내면을 보여주듯 더욱 강렬했다.

며칠이 지났을까, 도서관에서 따로 우영을 만나자고 한 영현은 조용하고 신중한 태도로 사회과학을 공부하는 모임에 함께하자고 권했다. 망설임 없이 눈을 맞추는 그의 태도에서 이우영은 흔들리지 않는 진정성과 강인한 믿음을 느꼈다.

　학교에서 비교적 가까운 면목동에 집이 있었던 이우영을 한영현은 자주 찾아왔고, 밤이 깊도록 술잔을 기울이며 무수한 질문을 던졌다. 강인하면서도 자신을 끊임없이 채찍질하는 영현의 모습은 깊은 인상과 더불어 내적 갈등을 주었다. 이우영이 본 한영현은, 자신의 그림자를 외면한 채 혹독하게 자신을 몰아붙여 더욱 깊고 어두운 고독 속에 빠져있는 듯한 모습이었다. 이우영은 그를 바라보며 안타까움과 존경이 혼재된 복잡한 감정을 품었다.

　어느 새벽, 얼굴이 붉게 상기된 영현이 우영을 찾아와 동료와 나누었던 치열한 논쟁을 들려주었다. 논쟁의 전후를 자세하게 알아들을 수는 없었어도 영현의 표정에는 억누를 수 없는 실망과 미묘한 서운함이 서려 있었다. 우영은 처음으로 자신과 영현 사이의 얇지만 명확한 벽을 느꼈다.

　또 다른 어느 밤에 찾아온 영현은, 산디니스타를 거론하며 민중과 더불어 걷는 삶을 이상으로 삼고 동지를 위해 죽는 삶이야말로 가장 진실한 삶이라 말했다. 그의 목소리는 낮았지만 단어 하나하나에 온 신념을 실은 듯 힘이 있었다.

　"결국 우리가 가야 할 길은 민중 속이며, 동지를 위해 기꺼이 목숨을 내놓을 수 있는 삶이야말로 가장 가치 있는 삶이 아니겠나."

　그 말을 들으며 이우영은 자신도 모르게 그에게 더욱 깊이 빠져

들면서도, 그의 철저한 결연함과 열정 앞에 자신의 나약함을 느끼며 위축되기도 했다.

영현은 우영에게 남들에게 말하지 못하는 개인의 고민거리를 툭툭 풀어놓았다. 사귀었던 여자친구 이야기며 가족 이야기도 말했다. 동생 웅현이 어려운 환경 속에서 대학에 진학했다는 이야기를 할 때엔 눈이 반짝였다.

1982년 겨울 합숙의 마지막 날, 그들은 서로 끌어안고 이유 모를 눈물을 흘렸다. 함께 겪었던 시간은 서로에게 상처를 주기도 했지만, 그 시절을 함께 이겨낸 서로에게 따스한 위안과 애틋한 고마움으로 남았다. 그러나 1983년 들어 한영현의 갑작스러운 연행과 강제징집, 죽음의 비보를 들으면서 우영은 많은 시간 방황하며 아픔을 겪어야 했다. 그는 세상이 미웠다. 삶은 과연 선택의 결과일까? 아니다. 삶은 선택보다 운명에 가까운 것이었다.

이우영은 1983년 말 학교를 자퇴했다. 이우영에게 한영현은 단순히 기억 속의 한 인물이 아니라, 자신의 존재를 이루는 고통스럽고도 아름다운 일부였다. 긴 세월이 흘렀지만 한영현은 이우영의 내면 깊숙한 곳에서 여전히 숨 쉬고 있다. 함께했던 그 시절의 기억과 감정은 결코 흐려지지 않았다. 이우영에게 과거란 망각하거나 지워지는 것이 아니라 깊은 생채기처럼 항상 그 자리에 있었다.

한영현의 목소리는 여전히 이우영의 마음속에서 낮게, 끊임없이 울리고 있었다.

"빈손 가득히 움켜쥔 햇살에 살아…."
그의 노래는 결코 사라지지 않는 울림이었다.

제4과장
제1경 노장춤

학회와 조직 개편

1982년 초, 한양대 80학번 이명종은 청계천 겨레터야학에서 연행된 뒤 지도휴학을 받고 입대했다. 3월에는 같은 80학번인 조인영과 왕인순도 형사들이 가방을 뒤져 유인물이 발각되는 바람에 학생처로부터 지도휴학 처분을 받았다. 그 외에도 2명이 더 문제 학생이라는 통보를 받아 집안의 압력으로 휴학하고 군대를 갔다. 인문사회연구회 80학번 4명이 1학기가 시작되자 사라졌다. 일부 81학번도 개인 사정으로 휴학했다. 운동 역량이 열악했던 한양대에서 그나마 얼마 되지 않는 남은 인원이 학생운동을 이어가야 하는 어려운 상황에 놓이게 되었다.

1982년 3월 18일, 부산 미국문화원 방화 사건이 일어났다. 이를 기회로 정권은 학생운동에 대한 탄압을 강화했는데, 곧이어 벌어진 4월 22일 강원대의 미국 성조기 소각 사건은 레드콤플렉스를 더욱 자극했다. 이 사건들의 배후를 캐기 위해 전두환 정권이 각 대학의 공개된 학생운동가들을 연행해 조사하면서, 학생운동은 다소 위축되는 경향을 보였다.

한양대 학생운동은 1982년 내내 학내에서 싸움을 주도할 사람이 없어 시위를 하지 않기로 했다. 대신 공개된 운동 서클을 대체할 학회를 중심으로 조직 강화에 전력을 쏟고, 직접 투쟁은 외부 시위에서 하기로 했다.

1982년 1학기부터 학회 작업에 들어가 사학과, 사회학과, 신방과, 경제학과, 정치외교학과, 교육학과 등에 먼저 느슨한 조직을 만들었다. 초보적인 형태지만 학회가 만들어지면서 오픈팀과 언더팀에 속한 학생들에게도, 개별적으로 교회나 성당, 야학과 같이 학교 밖에서 활동하던 학생들에게도 학내 활동이 가능한 근거 공간이 마련되었다. 조금씩 한양대 학생운동에 숨통이 트이기 시작했다.

1학기에는 4.19묘지에서의 시위 외에는 가두투쟁도 없었다. 2학기에는 반전을 꾀하기로 하고 '연고전'이 끝날 때에 맞춰 다른 대학과 연합 시위를 계획했다. 마침 일본 교과서 왜곡에 대한 정부의 대응이 미진한 것을 이슈로 하여 호응도 높았다. 9월 25일 연고전이 끝나는 동대문운동장에서 시위를 시작했는데, 이것이 서울역까지 이어졌다. 한양대도 1학년, 2학년을 총동원했다. 시위 참여를 통해 의식화의 강도를 높이자는 목적이었다.

문범은 처음 시위에 참가하는 1학년을 모아놓고 전경과 부딪치면 도망가는 방법 등을 가르쳤다. 그리고 유일한 여성인 82학번 박미옥을 잘 보호하라고 재차 강조하였다.

신세계백화점에서 남대문에 근접했을 때 전경 1개 소대가 덮쳤다. 가두시위 경험이 없었던 1학년들은 박미옥을 남겨두고 뒤돌아 재빨리 도망갔다. 하는 수 없이 문범이 미옥의 손을 잡고 조금 뛰다 옆 골목으로 들어가 위기를 모면했다.

국문과 82학번 김영철은 일행을 놓치고 다른 학교 학생들이 몰려가는 틈에 끼었다. 시청 앞에서 프라자호텔로 꺾어지는 통로에 이르렀을 때 양쪽을 경찰이 차단하여 고립되었다가 연행되었다. 이날 사회학과 81학번 이상선도 경찰에 끌려갔다. 많은 인원이 시위에 참여했고, 많은 인원이 잡혀갔지만 '집으로 가다 길이 막혀, 버스에서 내려 걸어가다 연행되었다'라고 진술하고 다음날 대부분 훈방되었다.

탈반 출신 장윤철도 체포되었다. 장윤철은 운동탈이 서클등록을 하지 못해 언더서클로 남기로 결정했을 때 학교 언더팀에 합류했다. 시위에서 훈방되기는 했지만 학교에서 마주치는 정보과 형사들이 근황을 물어보았다. 형사들은 지나가는 말투로 1981년 운동장 시위 사건으로 알려진 한영현과 현정길에 대해서도 물었다.

언더팀은 2학기에 이념 서클을 만들어 등록하기로 했다. 합법적인 이념 서클 없이는 한양대 운동권을 성장시키기 어렵다는 판단이었다. 오픈 서클 등록은 60명 이상의 회원이 필요했고, 지도교수도 있어야 했으며, 학생처의 심사를 통과해야 했다. 요건에 맞춰 추진할 사람을 정하고, 79학번 재료공학과 김홍조를 대표자로, 사학과 박현서 교수를 지도교수로 하여 '사회철학회'라는 서클명으로 등록을 신청했다. 하지만 학교 지도위원회에서 명칭이 불순하다는 이유로 반대하여 무산되었다.

가을엔 조직 정비에 들어갔다. 교내 언더서클은 운동탈을 제외하고 인문사회연구회와 국제경제연구회 그리고 흥사단 아카데미에서 나온 황토가 존재했다. 이 중 황토를 1982년 10월 말 발전적으로 해체하고 이를 인문사회연구회와 국제경제연구회로 나누어 흡수 통합했다. 한정된 인원이지만 교육과 실천 행동에서의 효율성을 고려한 것이다. 조직을 굳이 두 개로 유지한 것은 작은 실수로 한양대 운동권 전체가 말살되는 최악의 상황을 피하고자 했던 고육책이었다.

이어 10월 7일 원풍모방 민주노조 탄압에 반대하는 연합 시위에 참여했다. 시위는 치열했다. 80학번 김응선이 경찰과 시위대 사이에서 고립된 학생들을 구조하는 데 특별한 역할을 했다. 이날 노동자들을 포함하여 134명이 연행되었고 이 중 4명이 구속, 14명이 강제징집, 34명이 구류 처분을 받았다.

공대 이전 반대 시위

1982년 12월 초, 갑자기 공대에서 시위가 발생했다. 학기말 시험을 앞둔 어느 날 점심 무렵, 본관 주변이 소란스러웠다. 공대 학생들은 다음해 3월 공대가 안산캠퍼스로 이전한다는 풍문에 흥분해 있었다. 이 소식은 빠르게 퍼졌고, 공대 학생들을 중심으로 점점 더 많은 학생이 본관 앞으로 모여들었다. 이문범과 운동권 학생들도 처음엔 '무슨 일이지?' 영문을 몰라하다가 끼어들기 시작했다.

일부 분노한 학생들은 "총장 나와라"라고 외치며 분노를 표출하다가 어느 정도 세력이 형성되자 본관 진입을 위해 본관 현관 앞으로 몰려들었다. 상황을 모른 채 뒤에서는 계속 밀어붙였다. 앞쪽에서 그만 밀라고 비명이 터져 나올 정도였다. 현관 유리창 몇

장이 깨지고서야 소동은 잠시 멈췄다. 학생들은 본관 앞 광장에 모여 본관을 바라보며 수십 명씩 무리 지어 소리를 질렀다.

얼마 후, 본관 좌측 샛길에서 학생 100여 명이 스크럼을 짜고 내려오면서 분위기가 갑자기 반전되었다. 자연스럽게 스크럼에 합류한 학생들은 주동자 없이 대학 정문 쪽으로 향했다. 학생회관 앞 한마당을 지나며 학생들이 더 합류했고, 도서관 근처를 지나자 공부하던 학생들까지 가세했다. 공대생들은 공대 이전 반대를 목적으로 했지만, 대부분 학생은 정치적인 시위로 오인하고 합류했을 가능성이 있었다. 학교 정문 앞에서 연좌 농성에 들어갔을 때, 그 숫자는 2,000여 명에 달했다.

이때, 문범은 정문에서 들어오던 영현을 만났다.

"공대생이 시위를 하다니, 놀랄 일이다."

누가 먼저랄 것도 없이 둘은 서로 쳐다보며 감격에 젖었다.

영현은 문범에게 "학교에서 믿을 만한 사람은 너밖에 없어. 열심히 하자"라며 말하고 시위대열에 끼어들었다. 운동권 학생들이 들어오면서 주동자 없이 앉아 있던 시위대가 일어나 행진을 시작했다. 스크럼을 짜고 의과대를 지나 병원 쪽 경사길로 올라가더니 대운동장을 거쳐 상대까지 돌아왔다. 다시 공대를 거친 시위대는 도서관 쪽으로 계속 이동했다.

시위는 발생했지만, 운동 조직도 난감했다. 공대 이전 반대 시위에 정치적 구호를 선도할 수도 없었고, 운동가요를 제창하는 것도 시위 학생들과 거리감이 있었다. 그래서 노래는 '아침이슬'이나 '선구자', '홀라송' 등 대중적인 곡들을 불렀고, 구호는 '공대 이전 반대'와 '학원 민주화' 등 낮은 수준의 정치 구호로 한정했다. 이렇게 시위대는 학교를 세 바퀴 정도 돌았다. 도서관 앞에서 '동참하라'는 구호를 외치자 많은 학생이 모였다.

시위대는 다시 본관 앞으로 갔다. 임달호 학생처장이 나와서 학생들과 질의응답을 가졌다. 임달호 처장은 공대 이전은 없다고 단언했으나 학생들은 그 말을 믿을 수 없다며 항의했다. 약 30분가량 팽팽한 질의응답이 이어지는 동안, 본관 주변에 형사로 보이는 사람들이 나타났다. 흰색 '화이바'를 쓰고 청카바를 입은 백골단도 멀리 보였다. 분위기는 점차 가라앉았고, 학생들이 슬슬 흩어지며 시위는 종료되었다.

이날 공대 시위는 운동권 조직에 큰 충격을 주었다. 정치적 동기가 아닌 공대생들의 기득권 지키기 시위였지만, 사회적 이슈에 둔감한 공대생들이 적극적으로 투쟁에 나선 것이 놀라웠다. 한 사람의 불편함은 개인의 문제로 치부할 수 있어도 여러 사람이 동시에 느끼는 불편함은 제도와 관련된 것으로 해석할 수 있다. 일상 투쟁이 정치 투쟁으로 변하는 이유이고, 문제를 느끼는 지점부터 사회 변화를 지향하는 의식이 만들어진다.

언더팀은 공대의 운동 역량을 파악하기 위해 학기말 시험이 끝나는 날 14시에 학생회관 앞 광장에서 모이자는 유인물을 뿌리기로 했다. 그 작업은 80학번 박유순과 이주항이 맡았다.

12월 초, 추운 겨울날이었다. 이주항과 박유순은 난방도 안 되는 이주항의 집 2층 방에서 입김을 불어대며 밤새 작업을 했다. PC나 프린터가 없던 시절이라 등사 용지에 철필로 글을 쓰고 롤러를 밀어가며 한 장씩 유인물을 만들었다. 추운 날씨에 잉크도 잘 마르지 않아 겨우 16절지 약 100장을 만들었다. 이 유인물을 공대 화장실과 강의실 등에 살포한 뒤 교직원과 경비원이 달려가는 것을 건물 밖에서 숨어 지켜보았다. 정작 유인물이 공대 학생들 손에 들어간 숫자는 얼마 되지 않았다.

이윽고 시위가 예정된 2학기 시험 마지막 날, 학생회관 앞은 운동권 학생들만 삼삼오오 담배를 피는 척 모여 있었고 광장은 썰렁했다. 몹시 추운 날이었다. 학생회관 외벽에 걸린 TOEFL 강좌 현수막만 행당산 골바람을 맞아 웅웅 소리를 냈다. 학생들은 종강의 홀가분함 대신 추위로 움츠린 채 서너 명씩 무리를 지어 종종거리며 지나갔다.

그날은 아무 일도 일어나지 않았다.

그동안 비교적 시위가 없어서 유신대학 또는 어용대학이라 불리던 한양대에서 2,000여 명이 참가하는 시위가 일어나자 모두 놀랐다. 성동서와 학교 당국도 1981년 체육대회 이후 1년 이상 아무런 일이 없다가 공대 이전 반대 시위에 뒤이어 유인물이 배포되자 당황했다. 정권 핵심기관도 당황했다. 자연발생적인 시위가 아니라 배후가 있다고 판단한 치안본부가 닦달하자 성동서가 적극적으로 나섰다.

그러나 학내 언더팀에 대해 별다른 정보가 없었던 성동서의 수사는 오픈 서클이나 이전 시위 관련자들로 집중되었다. 경찰이 염두에 두고 찾는 대상은 공대생 가운데 문제를 일으킬 만한 서클 멤버였다.

한영현은 탈반 활동을 하면서 경찰들에게 알려져 있었고, 어쩌다 발생하는 학내 시위마다 얼굴을 보였던 탓에 주목받았다. 특히, 그는 공대생이라는 점 때문에 공대 시위의 배후 중 하나로 의심받았다.

수배

1982년 10월, 2학기 중간고사 때 영현은 학생증 없이 시험장에 들어갔다가 교수와 말다툼을 벌였다. 교수는 화가 나서 시험지를 압수했고, 그 결과 영현은 7학점이 F로 처리되었다. 수업은 재수강할 수 있었지만, 학점 문제로 3학년 때 장학금을 받기 어려워졌다. F학점으로 인한 장학금 수혜의 어려움, 깊어지는 경제적 궁핍 그리고 활동 과정에서의 압박감 등 여러 난제가 복합적으로 짓눌러 영현은 점점 더 수렁 속으로 빠져드는 듯했다.

비슷한 시기, 영현은 고등학교 동창 김인서의 인천 집을 찾았다. 인서도 연세대학교에 다니며 지역 노동운동을 지원하고 있었다. 어떻게 살아야 할지 고민하는 사람들은 시대의 흐름 속에서 자연스럽게 운동가로 변해갔다. 영현은 인서에게 자신이 부천에서 자취하며 노동야학을 하고 있다고 말했다. 그리고 "대학생들이 자기 이익만을 위해 살아선 안 된다. 보다 적극적으로 사회에 참여해야 한다"라고 말했다. 인서는 영현이 도깨비 같다고 생각했다. 바람처럼 나타났다 사라지는 영현을 이해하기란 쉽지 않았다. 하지만 그의 말 속에는 단호함이 있어서 인서는 경외심이 들기도 했다.

남몰래 영현의 고민은 깊어졌다. 학교 담장을 넘나드는 소문처럼 불안감은 그의 일상을 잠식했다. 노동현장으로 완전히 뛰어들어야 하는가, 아니면 다른 길을 찾아야 하는가. 부천에서의 활동은 언제든 신분 노출의 위험을 안고 있었다. 밤마다 뒤척이며 뜬 눈으로 지새우기 일쑤였다. 그러던 중, 운동탈 후배들과 세미나 때문에 오랜만에 찾은 학교에서 예상치 못한 공대 시위와 맞닥뜨렸고, 그 현장에서 문범과 마주쳤다. 마치 운명이 등을 떠미는 듯한 그 만남 앞에서 영현은 더 이상 외면할 수 없는 선택의 무게를 절감했다. 자신이 가고자 했던 길에 대한 믿음과 동시에, 그 길 위에서 마주하게 될 현실의 압박감이 파도처럼 밀려왔다.

12월에는 한얼산기도원 부근의 민박집에서 운동탈 합숙을 진행하다가 이를 수상히 여긴 인근 주민의 신고로 경찰의 탐문이 이루어졌다. 급히 철수한 그들은 팀방으로 사용하던 성수동 자취방으로 옮겨 합숙 훈련을 마무리했다. 팀방으로 사용하던 자취방은 사람들이 거의 지나다니지 않는 막다른 골목의 허름한 방으로 눈에 띄지 않는 곳이어서 여러 명이 함께 지내며 합숙하기에 적합했다. 그런 환경 속에서 영현은 안도감을 느꼈다. 다른 사람들 속에서 묻혀 지내며 자신이 해야 할 일에 집중할 수 있다는 것이 위안이 되었다.

합숙을 정리하며 가진 술자리에서 사람들은 서로 부둥켜안고 울었다. 어려운 시기에 서로 의지할 수 있다는 것을 느꼈다. 술자리가 끝나고 돌아가려 할 때, 현정길이 영현을 불렀다.

"영현아, 네가 연탈 때문에 바쁜 건 알지만, 내가 이번 겨울방학 때 한 달 정도 공장 활동을 해보려고 해, 그래서 후배들 세미나를 당분간이라도 네가 맡아주면 좋겠어."

현정길은 부드럽게 말하려고 했지만, 약간의 질책이 묻어났다.

"…그래, 알았다."

영현은 잠시 머뭇거리다 대답했다. 그의 눈빛에 책임을 다하지 못한 것 같아 미안해하는 마음이 스쳐 지나갔다. 다시 제자리를 찾기로 마음먹은 듯한 영현의 모습이, 정길이 보기에는, 어려울수록 처음으로 돌아가겠다고 다짐하는 것처럼 보였다.

1983년 1월, 영현은 82학번 후배들을 노량진 연탈팀 방으로 불러 세미나를 진행했다. 영현의 집에서 보면 학교보다는 가까운 곳이었다. 방은 좁고 불편했지만 그곳에서 이루어진 대화는 후배들에게 작은 희망을 주었다.

1월 20일쯤 영현은 현정길과 만나 운동탈을 더 키워보자는 논의를 구체화했다. 그리고 이우영을 학교 쪽으로 배치해 활동을 확장하고자 했다. 영현은 그 결론을 우영에게 찾아가서 직접 전했고 우영도 선뜻 동의했다. 영현은 학교에서 해야 할 일을 차근차근 해나가는 듯 보였다.

그즈음, 12월 공대 시위와 유인물 살포 사건으로 경찰도 바쁘게 움직이고 있었다. 성동서 정보과는 영현을 주동자로 지목해서 조사하려 했다. 하지만 출석 상황이 좋지 않아 학교에서 영현을 찾기가 어려워졌다. 우습게도 그런 점들 때문에 경찰은 점점 더 영현을 주모자라고 확신하게 되었다.

1983년 1월 초, 경찰은 그의 집을 찾아 연행하는 쪽으로 의견이 굳어갔다. 상급 기관의 압박도 그런 결정을 거들었다. 사실 여부가 어찌 되었든 이제 공대 시위의 배후는 한영현이었다. 아니 한영현이 아니면 성동서가 벗어날 길은 없는 듯 보였다. 경찰은 그의 행방을 찾기 위해 분주하게 움직였다. 그렇게 경찰은 점차 영현의 주변을 좁혀가고 있었다.

연행

　　1983년 1월 어느 날, 영현은 혜영에게 전화하여 동인천의 한 지하 레스토랑에서 만나기로 약속했다. 혜영은 그날의 영현을 잊을 수 없다. 코듀로이 재킷에 점퍼를 걸치고 있었는데, 옷은 때가 묻어 있었고 신발은 구겨져 있었다. 몸에서는 냄새가 났다. 마치 부랑자 같았다. 하지만 영현은 그런 자기 모습을 부끄러워하지 않았다. 그는 웃으며 "수배 중이라 몰골이 이렇다"라고 했다. 영현은 왜 수배 중인지에 대해 구체적으로 말하지 않았지만, 혜영은 그의 말이 사실임을 직감했다. 그날 집으로 돌아가는 길은 멀게 느껴졌다. 혜영의 마음은 무거웠고, 짜증 섞인 어지럼증이 밀려왔다.

　　공대 시위 주동자를 찾기 위해 성동서 형사들은 필동의 영현 주소지를 찾아갔다. 그러나 그곳에는 이미 다른 사람들이 살고 있었다. 가족들은 이사를 했고, 주소 이전 신고도 하지 않아 동사무소 기록에도 없었다. 경찰은 인천고등학교를 찾아가 영현의 친구들에 대한 정보를 요구했다. 영현의 소재는 찾기 어려웠으나, 경찰은 절대 포기하지 않았다.

혜영은 영현의 최근 상황이 궁금해졌다. 그는 김인서를 찾아갔다. 늦은 밤까지 이야기를 나누다 새벽이 되었고, 인서는 혜영을 집까지 데려다주었다. 혜영의 집 앞에는 검은 지프차가 서 있었다. 혜영은 다급히 말했다.
"형사들 같아. 빨리 돌아가."
인서는 몸을 피해 돌아갔다. 혜영의 마음은 불안으로 가득 찼다. 무엇을 해야 할지, 영현을 위해 무엇을 할 수 있을지 알 수 없었다.
며칠 후, 인서의 집에도 형사들이 찾아왔다. 영현의 소재를 묻고 집을 수색했다. '노동의 새벽'과 같은 책자를 발견하자 인서를 연행하려 했다. 인서의 어머니가 강하게 반발했다.
"한영현을 잡으러 왔다면서 왜 내 아들을 데려가느냐?"
경찰은 인서를 연행하는 대신 영현과의 관계와 최근 만남에 대한 진술서를 요구했다. 인서는 어머니의 보호 아래 연행을 면했지만, 불안감은 가시지 않았다. 경찰의 시선은 언제나 그들 곁을 맴돌고 있었다.

2월 10일, 인천교대 졸업식 날이었다. 혜영의 가족과 친구들이 함께한 자리였다. 그러나 졸업식 내내 주변에 낯선 사람들이 보였다. 그들은 영현이 혜영의 졸업식에 나타날 것을 기대하며 감시 중이었다. 그러나 영현이 끝내 나타나지 않자 형사들은 식당까지 찾아와 혜영 앞에 모습을 드러냈다. 그중 한 사람이 성동서 정보과 이형진 형사라고 자신을 소개했다. 겨울의 끝자락, 차가운 공기 속에서 스산한 기분이 들었다. 형사들은 혜영의 주변에서 모든 것을 지켜보고 있었다.

형사들은 혜영을 한양대 본관 학원반 사무실로 연행해 갔다. 그곳에서 영현을 언제 어디서 만났는지를 물었다. 혜영이 한 달 전 만났다고 하자 이형진 형사의 눈빛이 반짝였다.

"다시 한영현에게 전화가 오면 우리에게 알려라. 한영현을 잡는 데 협조하면 교직 발령도 쉽게 받을 수 있을 거야."

집으로 돌아온 후에도 수시로 전화가 왔고, 집 주변에는 검은 지프차가 자주 보였다. 혜영의 마음은 점점 무거워졌다. 자신의 선택이 영현에게 어떤 영향을 미칠지 두려웠다.

혜영은 경찰의 강압에 못 이겨 영현에게 보낼 편지를 작성했다. 종로서적 앞에서 만나자는 내용이었다. 그러나, 문장엔 영현이 눈치챌 만한 익숙하지 않은 말투가 있었다. 함정임을 알리려고 의도된 문장이었다. 혜영은 영현이 그 자리에 나오지 않기를 간절히 빌었다. 종로서적 앞에서 기다렸지만, 다행히 영현은 나타나지 않앉다. 혜영은 가슴을 쓸어내렸다. 긴장으로 가득 찼던 하루가 끝나고, 그녀는 조용히 집으로 돌아갔다. 그 밤, 그녀는 조용히 무너졌다. 누구에게도 들키지 않게, 아주 조용히.

1983년 2월의 어느 추운 밤, 영현은 유화성의 집을 찾아왔다. 화성은 영현이 수배 중인 사실을 몰랐고, 둘은 오랜만에 맥주를 마시며 이야기를 나누었다. 영현의 눈빛은 결연했고, 목소리는 평소보다 낮고 진중했다. 그날 밤, 화성은 영현의 각오를 느꼈다. '이번에 잡히면 당분간은 못 보겠구나'라는 생각이 들었다. 화성은 그날의 만남을 잊지 않으려고 녹음기를 켰다. 영현은 화성의 요청으로 '토함산'과 '아침이슬'을 불렀다. 그 목소리에는 깊은 슬픔과 결의가 담겨 있었다.

노래가 끝난 후, 영현은 무거운 이야기를 시작했다.

"미국이 전두환 정권을 지원하고 있어서 쉽게 깨지지 않아. 광주학살도 미국이 공포정치를 보여주기 위한 거였어. 전두환은 미국의 꼭두각시이기 때문에 우리 대학생들이 전두환만 상대해서는 안 돼. 미국을 상대로 투쟁해야 해."

그의 말은 점점 깊어졌다.

"야학이라는 것도 어떤 의미가 있겠어? 근본적인 문제를 해결하지 않고 부차적인 현상만 다루는 건 아무 의미 없어. 오히려 구조적인 모순만 심화될 뿐이야."

그는 자신이 수배 중이라는 사실도 털어놓았다. "지금 쫙 깔려 있어. 여기도 왔다 갔다는 걸 알면 주위에서 널 감시할 거야."

영현은 도망 다니는 것도 한계가 있다고 말했다.

"조만간 잡힐 거야. 하지만 잡히더라도 계속 투쟁할 거야. 야학이나 시위 정도로 그쳐서는 안 돼. 근본적인 모순에 대해 싸워야 해."

다음 날 저녁, 영현은 여자 동료를 만나러 간다며 집을 나섰다. 그것이 화성과의 마지막 만남이었다. 화성이 녹음한 그날의 테이프는 몇 번의 이사를 거치며 분실됐다.

경찰은 영현을 잡기 위해 모든 수단을 동원했다. 부모가 없는 상황에서 영현의 생활은 당숙이 관리하고 있었다. 영현 부모의 통장에서 한 달에 한 번씩 생활비를 인출해 돌봐주고 있었던 것이다. 어느 날 당숙과 이야기를 나누던 영현이 "우리나라 사회는 문제가 많고, 민중혁명이 필요해요"라고 말해 적잖이 놀라게 만들기도 했다.

그 대화의 뒤끝에 남은 개운치 않은 맛에, 당숙은 영현이 무엇을 하고 다니는지 알고 싶었다. 학교에 찾아간 당숙은 학생처에 영현의 성적을 문의했다. 학생처 직원은 시간을 끌며 영현의 당숙이 찾아온 사실을 성동서 형사들에게 알렸다. 당숙은 지도교수를 만나보고 가시라는 직원의 권유를 받아 공대 건물까지 찾아갔다. 학과 지도교수는 평범한 공대 교수로 심드렁한 얼굴을 하며 영현의 학업 부진을 이야기했다. 의미 없는 대화를 마치고 그가 교수의 방에서 나오자, 형사 두어 명이 당숙을 기다리고 있었다.

당숙의 안내를 받아 경찰은 영현의 집을 찾았다. 창신동 언덕배기 단칸방에는 몸이 불편한 형이 혼자 있었다. 영현이 집에 들어오지 않는다는 말을 들은 정보과 형사들은 집을 수색했다. 한쪽 벽에는 서적과 유인물, 야학 계획서 등이 쌓여 있었다. 경찰은 중요하다고 생각한 몇 가지를 복사해 가져갔고, 집 주변에서 24시간 잠복근무에 들어갔다.

2월 20일 오후, 혜영은 영현의 전화를 받았다. 반가움이 먼저 밀려왔지만, 순간 머리를 스친 생각은 도청이었다. 경찰이 듣고 있을지도 모른다는 불안에 그는 안부만 묻고 서둘러 전화를 끊었다.
20~30분쯤 지났을까. 이형진 형사에게서 전화가 걸려왔다.
"영현이한테 전화 왔지?"
혜영은 아니라고 답했다. 형사는 비웃듯 말했다.
"다 알고 있어. 영현이 방금 우리가 잡았어."
혜영은 앉은 채로 전화를 받았지만, 다리에 힘이 풀리는 것을 느꼈다. 영현이 결국 체포된 것이다.

제4과장
제2경 신장수춤

조사

영현은 학교 학생회관에 들렀다가 그곳 직원의 신고로 연행돼 조사를 받았다. 하지만 경찰은 1982년 말의 공대 시위와 연관성을 찾아내지 못했다. 조사반 이종수 형사가 영현을 맡았다. 연행 당시 영현은 지저분한 점퍼를 입고 있었고 몸에서 냄새도 많이 났다. 한 달 이상 집에 들어가지 못했던 것으로 보였다.

이종수 형사가 영현이 들고 있던 검은색 스포츠 가방을 열어 보았는데, 안에는 티셔츠와 내복 같은 옷가지와 책 두어 권이 보였다. 그리고 한 가지 특별한 것이 눈에 띄었다. 메모지였다. 대학노트 3~4장을 찢은 뒤 여러 번 접어 주머니나 책 속에 넣고 다니던 것으로, 낡아서 모서리가 다 해진 상태였다. 내용은 맨 위에 날짜가 있고 그 밑에 '1. 해방 전후사의 인식 -- 이, 김, 박', '2…', '3…' 이런 식으로 언제 어디에서 어떤 책을 학습하였고 각 책을 담당한 사람의 성 또는 이름 전체가 다 쓰여 있었다. 다른 한 장에는 UNION이라 쓰여있고 만난 날짜와 사람들의 이름이 있었다.

그리고 영현의 수첩도 있었다. 거기에 현정길, 이태문처럼 탈반에 관련된 사람의 이름이 적혀있었다. 영현이 탈반에 있었던 터라 특별히 문제삼을 만한 내용은 아니었다.

이종수는 영현에게 유니온이 무언가를 캐물었다. 영현은 "중요한 것은 아니고, 탈반 연합 서클이라 유니온이라 적었습니다. 노량진에서 가끔 모여 공부를 합니다"라고 별일 아니라는 듯 말했다.

이종수는 영현의 학내 활동상황에 대해 학원반에서 전혀 알지 못한다는 사실을 떠올렸다. 공대 시위와 관련하여 영현을 주동자로 몰기에는 그가 시위에 어느 정도 가담했는지 명확하지 않은 상태였기 때문에 훈방 대상자로 판단했다.

이종수의 자녀는 서울대와 외대에 다녔다. 아버지는 정보과 형사였지만 둘 다 학생운동을 하는 눈치라 마음이 편하진 않았다. 정보과 형사와 운동권 학생이 가족으로 한 집안에 살던 시대였다.

학원반에서 1982년부터 공대를 담당했던 김정식 형사도 이종수의 판단을 거들었다. 김정식은 영현에 대해 '항상 군복 물들인 것을 입고 다니며 학교 공부에는 전혀 관심이 없었다. 학교에 거의 나오지 않아 보기도 어렵지만, 드러나는 활동도 별로 없었다.

학내 벤치나 학교 주변 커피집에서 두어 번 우연히 만났는데, 대화할 때도 영현은 거의 말이 없었고 대놓고 정부 비방을 한다거나 악의적인 면은 없어 보였다'라는 의견을 보탰다. 영현은 운동탈의 등록 거부 때부터 눈에 띄었을 뿐 공대 시위와 직접적 연관성은 없어 보인다는 것이었다.

그러나 이종수는 영현이를 그냥 훈방할 수는 없으니 연합 서클을 더 조사해 보기로 하고, 영현을 앞장세워 노량진 방을 찾아갔다. 언덕 위 벌집 형태의 단칸방으로, 주인아주머니를 만나 동정을 물었다. 주인아주머니는 학생들 서너 명이 월세로 그 방을 이용한다고 했다. 경찰이 찾아온 것이 달갑지 않은 눈치였다. 묻지 않았지만 남녀 학생이 자주 드나들어 혼숙하는 듯 보여 오지 말라고 했다며 학생들이 안 온 지가 20일 정도가 된다고 덧붙였다. 귀찮은 일에 말렸다는 기색이 역력해 보였다.

이종수가 방문을 열고 안을 들여다보았다. 요가 깔린 방이 늦겨울 햇살에 드러났다. 최근에 사람들의 출입이 없었던 듯 썰렁한 냉기가 느껴졌다. 방구석에 쪽지와 책이 몇 권 보였다. 이종수는 책들을 챙겨 나오며 학생들이 오면 연락하라고 주인아주머니에게 부탁하고 돌아왔다.

이종수는 사흘 정도 영현을 수사하고는 학원반 이형진 형사에게 훈방 의견으로 넘겼다. 다만 조사 과정 관련해서 상부인 시경에 내용을 보고했다.

학원반도 영현이 공대 시위와 무관하다는 것을 알고 있었다. 하지만 치안본부나 시경 같은 상급기관이 주목하는 사건이라 어떻게든 결과를 보고해야 하는 처지였다. 영현을 훈방하기로 했지만 지푸라기라도 잡는 심정으로 영현의 수첩에 나온 인물들을 조사해 보기로 했다.

한영현의 수첩에서 이름이 나온 81학번 공대 이승재, 상대 이태문이 연행되었고, 이들의 진술로 81학번 원두영과 정외과 현정길의 이름이 나왔다. 한양대가 별로 드러나게 학생운동이 활발하지 않아서였는지 성동서의 조사는 다른 경찰서에 비해 느슨했다. 영현은 조사를 받던 중 감시가 소홀한 틈을 타 경찰서에서 잠시 도주할 수 있었다.

다시 형사들에게 잡히기 전까지 영현은 현정길을 만나서 대책을 세웠다. 운동탈을 유지하기 위해서 현정길과 원두영을 보호하자고 결론이 났다. 정길은 방학이라 부산집에 내려가 있던 원두영을 피신시키려 수학과 82학번 한기성을 급하게 부산으로 내려보냈지만 경찰이 좀 더 빨랐다. 한기성이 기차를 타고 부산에 도착했을 때 원두영은 이미 성동서 형사들에게 연행되어 간 뒤였다.

반전

　성동서 학원반은 추가 연행자들도 한양대 유인물 사건과 관련이 없다는 것을 알고 있었다. 학원반 입장에선 뜨거운 감자였다. 사건을 빨리 종결하고 싶었는지 연행자들 모두에게 간단한 진술서를 받고 한영현, 원두영, 이태문을 지도휴학으로, 이승재는 훈방으로 처리했다.

　이태문은 80학번 윤두형이 하고 있던 성수지역 가톨릭 노동청년회 일을 물려받았다. 학내에서도 별로 드러나게 활동한 전적이 없었지만 운이 나빠서일까 같이 지도휴학 대상이 되었다.

　이로써 사건이 마무리되는 듯 보였지만, 정보과 학원반은 그래도 공대 시위와 유인물 배포 사건에 대한 책임감에서 완전히 벗어날 수는 없었다. 이형진 형사는 이곳저곳을 탐문하며 돌아다녔다.

성동서 정보과에서 작은 소란이 생겼다. 학원반 이형진 형사가 계장 앞에서 대놓고 조사반 이종수 형사를 깎아내린 것이다. 발단은 시경에서 내려온 지시 때문이었다. 학원반에서 서무 역할을 하던 이춘연 형사가 처음 지시를 받아 전달했다. 시경의 지시는 한영현이 야학과 관련된 문제 학생이었는데 성동서 학원반이 왜 지금까지 알고 있지 못했느냐는 질책이었다.

서로 경쟁하며 공을 독점하려던 정보기관끼리의 소통 부재는 이제 서로에게 책임을 떠넘기며 책임을 회피하는 쪽으로 넘어가려 하고 있었다.

이형진 형사는 "이종수 형사가 한영현에게 팽팽 속아 넘어갔다"라며 자기가 다시 수사하겠다고 거품을 물었다. 위기가 또 다른 기회가 될 수 있다는 것을, 이형진 형사는 오랜 기간 현장에서 몸으로 겪어 알고 있었다. 문제 학생의 검거가 승진과도 깊게 연관되어 있음을 알아챈 그는 본능적으로 자신의 미래에 새로운 희망이 될지도 모른다는 생각에 흥분할 수밖에 없었다. 탈반과 관련한 전면적 재검토가 은밀히 시작되었다.

1983년 3월 12일 김정식 형사는, 운동권 학생들의 활동을 감시하는 '특별동향관리기록카드'를 작성했다. 한영현을 '전 민속반원으로 전 회원들에게 의식화 학습주도 및 근로청소년들을 대상으로 하는 야학의 필요성을 주장해오며, 3차 성적불량 학사경고 처분자로 의식화 및 대정부 불만 포지자임'이라고 쓰고 날인해서 상급자인 김광룡 경위에게 보고했다. 김광룡은 기록을 천천히 읽어 보았다. 관리등급은 A, 시위 주동자급으로 기재되어 있었다. 고개를 끄덕이며 김광룡도 서명하고 날인했다. 이 기록은 시경으로 올라갔다.

3월 중순 이형진 형사는 학원반 형사 둘과 영현을 데리고 창동에 위치한 군수지원사령부로 찾아갔다. 영현을 연탈에 소개했던 80학번 윤두형을 찾아간 것이다. 윤두형은 1982년 9월 입대하여 이곳에서 근무하고 있었다. 두형은 연탈과 운동탈에서 활동을 했지만 학교에서는 특별히 드러난 인물은 아니었다.

이형진 형사에게도 낯설지 않은 곳이었다. 1983년 1월 영현을 찾기 위해 윤두형을 찾아왔던 것이다. 두형은 영현의 탈반 선배라서 영현의 소재와 관련한 조사를 받았다.

검은 지프를 몰고 두 달 만에 형사들은 다시 부대로 찾아왔다. 이번 조사는 전과는 확연히 달라 보였다. 중대장실 소파에 앉은 윤두형의 앞에 침울한 표정의 한영현이 들어왔다. 형사들은 사회과학 서적 20~30권을 가지고 왔다.

이형진은 윤두형에게 "이 책들을 네가 한영현에게 주었다고 하는데, 그 말이 맞나?"라고 거두절미하고 물었다. 윤두형은 드디어 올 것이 왔나 보다 하는 심정으로 "…그렇습니다. 다 제가 준 것입니다"라고 답했다.

 자신의 방을 내어 준 중대장은 형사들이 두형에게 질문하는 내내 등을 지고 창밖을 내다보며 담배를 연신 피워댔다. 창밖으로 개나리가 움을 틔우고 있었다. 두형이 조사를 받는 동안 영현은 아무 말도 하지 않았다. 미리 서로 말을 맞춰놓지 않았을 때는 가만히 있는 편이 오히려 나았다. 그리고 대개 출처를 밝히기 곤란한 서적과 문서는 선배가 준 것으로 하는 것이 수칙이었다. 선배는 위험부담에 있어서도 선배여야만 했다. 조사를 마친 형사 일행이 영현을 데리고 돌아갔다.

연탈 수사

 박혜영이 다시 한영현을 만난 건 3월 어느 날 동인천의 그 레스토랑에서였다. 우연히 한영현과 권영숙이 같이 그곳에 들렀고, 셋의 어색한 만남이 만들어졌다.
 "…그 조사는? 어떻게 처리된 거야?"
 침묵을 깨고 혜영이 물었을 때 영현은 웃으며 태연하게 대답했다.
 "아, 조사받았는데 별것 아니라 풀려났어. 오늘 여기 권영숙 선배랑 같이 월미도 구경이나 갈까 하고 왔다가 들렀어."
 수배 중이라고 할 때 보았던 것과는 달리 깔끔한 모습이었다. 별것 아닌 것으로 처리되었다면 기쁜 일이었지만, 이상하게도 혜영은 그날의 조우가 별로 달갑게 느껴지지 않았다.
 이 무렵, 1981년 가을부터 이듬해 봄까지 연탈에서 영현을 지도했던 강지영은 영현의 전화를 받았다. 세미나가 끝난 이후에도 지영과 영현은 자주 만났다. 지영은 영현이 친구들 집이나 노량진 연탈 팀방에서 주로 생활하며 활동했던 것을 알고 있었다. 영현은 자신이 조만간 군대에 갈 것 같다고 안부를 전했다. 서로 몸조심을 당부하며 짧은 통화가 끝났다.

윤두형은 그해 5월, 보안사 진양 분실로 끌려갔다. 열흘가량을 조사받았다. 지금까지 살아온 모든 과정을 진술서에 기재하도록 하였다. 특히 대학 생활 중 서클 가입 배경, 어떤 책을 읽었고 어떤 활동을 하였으며 동료들과 선후배의 이름을 진술하도록 하였다. 처음 2~3일은 무엇을 쓰고 무엇을 숨겨야 할지 분간이 되지 않아 아무것도 쓰지 않았다. 조사관은 참고하라며 연탈 79학번 선배로 기억되는 누군가의 진술서를 보여주었다.

두형은 그 진술서를 천천히 읽어보았다. 연탈 부분에 대해 자세하게 기록이 되어 있어서 이미 드러난 부분은 써도 상관없을 거라 생각하고 자신의 진술서를 작성하였다. 써놓고 보니 상당히 많은 분량이었다. 처음엔 한영현이 부대에 한 번 왔었기 때문에 영현과 관련된 학내 운동탈에 대한 조사가 아닐까 생각했지만 영현과 관계되는 부분에 대해서는 전혀 묻지 않아 진술서에 적지 않았다.

윤두형은 보안사 분실에서 화장실에 가다가 같은 층에서 조사받는 연탈 선배 홍대 78학번 양원모를 보았다. 두형은 연탈에 대한 대대적인 조사가 이루어지고 있다는 걸 직감했다.

보안사에서 조사받은 두형은 1983년 6월에 일주일간 특별 휴가를 나왔다. 휴가는 진양 분실을 들르도록 사전 조율이 되어 있었고 분실 관계자는 연탈 회원 한 사람에 대해 소재를 파악해 달라고 지시를 했다. 두형이 보건대 그 사람은 운동과 관련된 중요한 일을 하는 사람이 아니었고 소재 파악도 특별한 내용이 없어 그대로 보고했다.

3월 초에 지도휴학을 받은 한영현, 이태문, 원두영은 3월 31일과 4월 1일 각자 집에서 연행되어 훈련소로 보내졌다. 한영현 등 3명의 강제징집은 서울시경의 지시에 의한 것이었다. 3월 초 성대에서 일어난, 주동자만 11명에 달하는 시위 등의 이상기류에 놀란 정권이 1983년의 시위가 전과 다른 양상을 보일 것이라는 판단을 내린 후였다. 조금이라도 문제가 있어 보이는 학생들을 본격적인 학기가 시작되기 이전에 정리하려던 계획을 그대로 실행한 것이다.

영현이 연행된 이유는 한양대 공대 시위와 유인물 배포의 주모자를 찾는 것에서 시작되었지만, 성동서 정보과의 수사와는 별개로 정보 당국은 이미 그 전부터 연탈과 야학 등에 대한 수사를 기획했으며 그대로 진행했다.

불림

소상반죽(瀟湘斑竹) 열두마디
순임금이 죽자 두 왕비가 흘린 눈물이
대나무에 떨어져 온통 얼룩무늬 반점이 생겼다.

강제징집과 녹화사업

　1971년 10월 5일, 박정희 정권은 서울 일원에 위수령을 발동하고 대학가에 군대를 투입했다. 약 2,000명의 학생이 영장 없이 예비 검속되었고, 그중 160여 명이 징집되었다. 학생운동을 무력으로 억누르려 했던 정권의 첫 강제징집 사례였다.

　이후 정권은 휴교령, 제적 등 초헌법적 수단을 동원해 유신 반대의 목소리를 억눌렀다. 유신의 몰락 이후 등장한 전두환 정권은 5·18 계엄법 위반으로 체포된 학생들을 석방한 직후 다시 군에 징집하는 식으로 통제했다. 박정희에게서 권력을 넘겨받은 신군부는 강제징집이라는 국가 폭력을 그대로 답습했다.

　1980년대 들어 불법적이고 무차별적인 강제징집은 여전히 지속되었다. 이제 그 폭력의 대상은 한영현, 이태문 그리고 원두영을 비롯 우리가 아는 사람들로 옮겨왔다..

대학가 시위가 활발해지면서 학생운동 출신 강제징집자는 1982년 9월 기준 600여 명에 이르렀다. 전두환이 보안사 간부 초청 청와대 만찬에서 운동권 출신 입대자들이 '불온 낙서'를 한다는 얘기를 들었다. 그리고 바로 그의 대구공고 후배이기도 한 보안사 대공처장 최경조 준장에게 "야 최경조, 너, 인마 뭐 하는 거야?"라며 심하게 나무란 것이 녹화사업의 발단이 되었다.

최경조가 전전긍긍하며 대책을 궁리하고 있을 때, 서의남 중령이 녹화사업의 기본 틀을 제안했다. 녹화사업이란 마치 나무를 심어 민둥산을 숲으로 만들듯이 빨갛게 물든 학생들의 머리를 개조하자는 뜻에서 붙여진 이름이었다. 녹화사업의 기본 개념은 보안사령부가 강제로 징집된 사람들을 학원, 노동, 종교 등 사회의 다양한 분야의 민주화운동 세력 내부에 프락치로 침투시켜 정보를 빼오고, 조직을 와해시키도록 강요하는 공작이다.

전두환의 최종 승인과 최경조의 지원으로 보안사는 1982년 11월에 심사과를 만들어 '녹화사업 기본계획'을 세우고, 학생들의 사상개조와 프락치 공작에 착수했다. 제안자였던 서의남 중령이 심사과장을 맡았다. 먼저 서울 퇴계로의 진양상가에 분실을 설치해서 심사와 프락치 공작을 지휘했다. 심사 대상이 늘어나면서 경기도 과천에도 다른 분실을 만들었다.

초기 녹화사업은 북한에서 보낸 남파간첩을 상대하는 교본을 토대로 만들어졌다. 남파간첩들을 사상적으로 무력화하고 전향시키는 내용 그대로 강제징집된 학생들을 다루었다. 어느 정도 녹화사업이 본 궤도에 들어서자, 보안사는 장교들을 두 달가량 전문적으로 훈련하여 투입하였다. 여기에는 학군단이나 고시 출신으로 장교가 된 이들도 포함되었다. 일부는 양심에 거리낌을 견딜 수 없어 상사의 지시에 불응하다가 구타를 당하거나 불이익을 받기도 했다.

녹화사업은 크게 두 개의 축으로 이루어졌다. 먼저 심사라는 과정으로 입대 전 민주화운동 관련 활동 내용과 동료에 대한 정보 제공을 강요했으며, 그들을 피의자로 간주하여 양심에 반하는 진술을 강제했다. 이들은 하루 수십 장의 반성문을 작성해야만 했다. 이 과정에서 폭행이나 고문이 동반되었다.

두 번째는 프락치 활용이다. 즉 심사를 받은 사병들을 특별 휴가를 보내 정보수집 활동에 이용했다. 이들은 서클의 동향이나 데모 계획 등의 정보를 군 당국에 보고해야 했다. 특히 학내 서클에 대한 정보와 함께 동료 선후배들의 활동과 발언 내용을 모두 보고하도록 강요받았다. 이에 따라 녹화사업에 동원되었던 강제징집자들은 도의적 죄책감과 심한 자괴감에 시달렸다.

녹화사업에 투입되었던 학생들은 활용도에 따라 제대한 다음에도 보안사의 정보원으로 활동할 것을 강요받았다. 복학하여 다시 학교로 돌아가 서클의 활동계획과 시위 준비 상황을 보고하도록 한 것이다. 양심에 거리끼는 행위를 할 수 없었던 일부 학생은 학교를 자퇴하거나 주변과의 연락을 끊어버리고 잠적하는 등 소극적인 저항을 했다.

더욱 나쁜 것은 정보원으로 양심을 팔던 이들이 조금씩 자신의 행위를 합리화하여 스스로 정권의 하수인 노릇을 하는 주구가 되는 경우였다. 인지부조화 이론에 따르면, 서로 어긋나는 두 개의 신념과 행동을 취해야 할 때 사람은 불쾌감을 느끼며 이를 해결하려 한다. 벗어나려고 노력하기도 하지만, 그럴 수 없을 때는 자신의 신념을 바꾸거나 불의한 행동을 합리화하는 것이다.

예를 들어, 담배를 나쁘다고 이야기하면서 계속 피우는 경우 인지부조화가 나타난다. 결국 담배를 끊을 수 없기 때문에 담배 피우는 행위를 합리화한다. 이런 방식으로도 해결되지 못하는 만성적인 인지부조화는 스트레스, 불안, 우울증과 같은 정신적 문제로 이어질 수 있다. 실제 녹화사업 피해자 중 일부는 지금도 극심한 스트레스와 트라우마에 시달리며 고통을 겪고 있다.

국가는 법에 의해 물리적 폭력을 가할 수 있는 유일한 존재다. 군대는 그 권한을 위임받은 조직으로, 국가 안보와 국민 보호를 명분 삼아 공인된 무력을 사용하도록 규정되어 있으므로, 오남용의 위험성이 매우 큰 집단이다. 권력이 정의를 벗어날 때, 군대는 그저 폭력의 도구일 뿐이다. 1980년 5월, 광주에서 벌어진 학살은 그 권력이 지키려 한 것이 무엇인지를 잘 보여준다. 그 권력은 정식 재판도, 입소 절차도, 신체 조건도 무시한 채 그리고 무엇보다 본인의 의지와 무관하게 저항하는 학생들을 강제로 군대로 끌고 갔다.

녹화사업 대상자들은 사회와 격리된 군대라는 특수한 장소에서 벌어지는 조직적인 공작에 맞서, 오로지 자기 몸과 양심으로 버티며 견뎌야 했다.

녹화사업의 제1기 대상자이기도 했던 한홍구 성공회대 교수는 2002년 한겨레21에 기고한 "'녹화사업'을 용서할 수 있는가"라는 글에서 다음과 같이 녹화사업의 비인간성을 고발했다.

> 친구를 팔라는 프락치 공작은 국방의 의무를 지는 사병들을 공작정치의 도구로, 아니 자신의 출세를 위한 도구로 사용하려던 보안사 요원들의 비열한 인간성 파괴행위였다. 일부는 친구들에게 사실을 고백하고 다 아는 정보를 물어다 주기도 했고, 어떤 사람은 그 좋은 휴가기간에 아무도 만나지 않고, 전화도 하지 않고 두문불출하다가 귀대하기도 했고, 일부는 어쩔 수 없이 몇 가지 사실이나 이름을 대주고는 평생을 괴로워해야 했

다. 녹화사업은 단순한 정훈교육이 아니었다. 몇몇 비전향 장기수들은 과거 박정희 시대의 강제 전향 공작에서도 단순히 전향서에 도장을 찍는다고 전향으로 받아들이는 것이 아니었다고 증언한다. 동지를 팔아야만, 그래서 다시는 과거의 동지들과 만날 수 없게 되어야만 전향으로 인정했다는 것이다. 전두환의 보안사는 '순화'의 기준을 단지 교육을 받는 것에 그치지 않고 이렇게 반인륜적인 수준에서 강요했다. 그리고 일부 보안사 요원들은 학생들을 이용하여 출세하려고 눈에 불을 켜고 프락치 공작을 강요했다. 당시 보안사는 공작예산의 절반가량을 이 사업에 쏟아부을 정도로 녹화사업을 강력히 밀고 나갔다.

2022년 기준 강제징집과 녹화사업의 피해자는 2,921명에 달한다.

제4과장
제3경 취발이 춤

207보안부대

1983년 4월 3일, 영현은 화천에 있었다. 다른 훈련병들에 비해 뒤늦게 훈련소에 들어왔어도, 큰 차이는 없었다. 자유롭게 살던 청년들이 군대라는 곳에 들어와 겪는 일이란 늘 긴장의 연속이었다.

"단결! 할 수 있습니다!"

경례 구호부터 배웠다. 7사단은 화천과 철원 지역에 주둔한 부대로 칠성부대라는 별칭이 있다. 사단 아래 3개 연대가 속해있는데, 전방 5연대와 8연대는 GOP 지역, 험준하고 높은 산에 둘러싸여 있다. 후방의 3연대도 녹록한 근무지는 아니었다. 속세에서 일곱 가지 죄를 지으면 7사단으로 오고, 거기에 아주 큰 죄를 하나 추가하면 8연대로 배치된다는 우스갯말이 장병들 사이에서 회자될 정도로 험한 격오지 중 하나다.

때때로 훈련 중 쉬는 시간에 같은 내무반을 사용하는 호정과 영현은 고참들 눈을 피해 화장실 뒤로 숨어 들어가 담배를 피웠다. 꿀맛이었다. 바깥세상 일은 알지 못했고, 하루하루 고달픈 훈련을 어떻게 모면하고 넘어가느냐가 관심사였다. 호정이 보기에, 영현은 다른 사병들과 비교하여 특별히 훈련을 거부하거나 힘들어하는 모습은 보이지 않았다.

4월 15일 아침, 평소처럼 훈련을 준비하고 있을 때 교관이 들어와 영현에게 "너는 훈련에 참여하지 말고 좀 남아있어"라고 지시했다. 그날 성동서 정보과 형사들이 영현을 찾아왔다. 관할 경찰이 군부대까지 찾아와 조사하는 건 매우 이례적이었다.

4월 18일 밤, 강집자 6명이 신교대 구석 쓰레기장 뒤에 모였다. 입영 동기 김진도의 제안으로 4.19 기념행사를 진행하기 위한 모임이었다. 진도는 "우리가 비록 강집되어 군에 왔지만 4.19 정신은 잊지 말아야 하지 않겠나. 모여서 우리끼리 조촐하게라도 기념식을 하자"라고 내무반을 찾아다니며 강집자들에게 연락했다. 저녁식사 후에 모인 이들은 쓰레기를 소각하기 위해 파놓은 구덩이 앞에 서서 낮은 목소리로 '진달래' 노래를 부르고 묵념했다. 누가 와서 물으면 "입영 동기들끼리 담배 피며 노가리 좀 까고 있습니다"라고 하자고 적당히 둘러댈 말도 준비했다. 이 자리에 영현도 함께했다. 출신 대학도 다르고 끌려온 이유도 제각각이었지만 민주화를 위한 열망은 같았다. 그들은 이곳에서만은 서로 믿고 의지하는 사이였다.

하루 이틀쯤 지나 최호정은 한영현이 어딘가로 가는 장면을 목격했다. 낮에 본부중대 앞 계단 아래 검정 승용차가 서 있었다. 신사복을 입은 남자가 한영현을 뒷좌석에 태우고 자신은 반대편 뒷좌석에 앉았다. 그들이 탄 차는 곧바로 돌아나갔다. 호정은 10미터쯤 거리에서 그들을 보았다. 스치듯 눈이 마주쳤지만, 영현은 구부정한 자세로 시선을 피하며 기운 없는 얼굴로 차를 타고 나갔다.

1983년 4월 17일부터 4월 말까지, 한양대 섬유공학과 78학번 지상윤은 입대 동기인 경북대 역사교육과 78학번 손호만과 함께 207보안부대에서 심사 장교 조용천으로부터 조사를 받았다. 둘 다 제대를 앞둔 병장 신분으로 학생운동을 하게 된 동기와 활동내역에 대한 자술서를 썼다. 큰 문제가 없어 그 후에는 국민교육헌장을 베껴 쓰거나 책을 읽고 독후감을 쓰는 등, 헐렁한 조사를 받고 있었다. 그러던 중, 손호만이 지상윤에게 한양대 후배가 자신들처럼 여기 207보안부대에서 조사를 받고 있다고 말해주었다. 손호만이 점심식사 후 조사실 옆 벤치에서 쉬고 있을 때, 바로 옆 벤치에 낯선 얼굴의 한영현이 앉아 있는 것을 처음 본 것이다.

"너 누구냐?"

손호만이 물었다. 영현은 대답하지 않았다. 대신 생각이 많은 얼굴로, 겁에 질린 표정을 지으며 고개를 푹 숙였다. 서너 번 물어 이름과 출신학교를 확인한 손호만은 지상윤에게 "네 후배가 조사받고 있더라"라고 말해주었다. 지상윤은 같은 공간에서 조사를 받고 있던 한영현에게 관심을 두고 접근할 기회를 엿보고 있었다.

진술서

조사실은 30평 정도로 상당히 큰 규모였다. 몇 개의 책상이 있었는데, 지상윤과 손호만은 국민교육헌장을 읽고 감상문을 쓰고 있었다. 어느 정도 거리가 떨어진 자리에선 심사 장교가 한영현과 마주 앉아 무언가 묻고 답하며 조사를 하고 있었다.

심사 장교가 한영현에게 자술서를 쓰라고 지시하고 테니스를 치러 나간 사이, 지상윤은 한영현에게 다가가 선배라고 소개하고, 영현이 작성하는 자술서가 어떤 내용인지 읽어 보았다.

그 내용은 상당히 놀라웠다.
'이런… 이건 도대체 어떻게 이해해야 하지?'
상윤은 잠시 생각에 빠졌다.
'아무리 생각해도, 이렇게 많은 사람 이름을 기억할 수는 없을

텐데….'

기재된 내용이 상당히 구체적이었고, 분량도 방대했다. 운동권 학생들은 수사기관에 검거되면 같이 활동한 사람들에 대해 보안을 유지했다. 최악의 경우에도 10명과 같이 활동했다면 두세 명 정도만 진술했다. 그런데 영현이의 진술서는 내용이 너무나 구체적이고 방대했다.

진술서의 분량은 300여 쪽 정도로 학교 내 운동권 서클에 대한 내용이었다. 오픈서클로는 운사, 쿠사, 탈반, KSCF, CCC 등이었고 언더서클 2개 정도가 적혀있었다. 각 서클의 연합회에 대해서도 기재되어 있는데 10여 개 대학에 속한 100여 명가량의 이름이 들어 있었다.

구체적으로 한양대 운사의 회장, 부회장, 회원 이름과 그중 강경한 사람은 누구누구이고, 운사 연합 모임에는 누가 참석을 하는지 등이 적혀 있었다. 그리고 연합 모임에 참석한 각 대학의 사람들 이름과 수련회 일시, 토론 주제 등과 함께 그 자리에서 발언한 내용과 강경 발언을 한 사람 이름 등이 구체적으로 적혀 있었다. 다른 서클의 경우에도 마찬가지로 구체적 상황이 일목요연하게 기재되어 있었다.

상윤이 생각하기에는, 영현이 모임에 참석했을 때 나누어주는 전단지에 당시 참석자와 발언 내용을 기재해 두었거나 메모장에 그런 내용을 적어 두었다가 그것이 발각되어 그것을 기초로 진술서를 작성한 것이 아닌가 할 정도였다.

"왜 이렇게 많은 내용을 적었어?"
상윤이 의아함이 섞여 있는 목소리로 진술서의 내용을 물었다.
"제가 구로랑 인천에서 야학 활동을 했거든요. 그런데 야학이 노동운동과 연계되어 있어서, 그쪽 이야기를 하면 문제가 정말 크게 번질 것 같았어요. 그래서 차라리 공개된 학생운동 쪽을 진술할 수밖에 없었죠."
영현은 작게 한숨을 내쉬며 조심스럽게 설명했다.
"그랬구나. 그런데 왜 하필 학교 서클에 대해서 말한 거야?"
상윤은 다시 물었다.
"보안사에서 초기 조사 때 강압적인 분위기를 만들었어요. 무언가 진술하지 않으면 안 되는 상황까지 몰렸죠. 그래서 비교적 파급력이 적은 학교 서클에 대해 말하는 게 낫겠다고 판단했습니다."
영현은 상윤과 대화하면서도 의기소침한 표정에 불안함을 감추지 못하고 있었다.

지상윤이 보기에 심사 장교는 자신들을 조사할 때와 달리 영현을 윽박지르거나 강압적인 모습이 확연했다. 상윤은 영현이 조사받는 과정에서 구타를 당하는 모습을 보지는 못했으나 영현의 가슴과 다리에는 상처가 많았다. 상윤은 영현이 이곳에 오기 전에 이미 가혹행위를 당했을 거라고 생각하고 상처에 대해 물어보았다.

영현은 "가슴을 맞았다"라고 했다. 상윤이 가슴을 보았더니 불그스레했고 무릎 부분도 맞아서 퍼렇게 멍이 생겨 있었다. 상윤이 미심쩍어 "야, 너 혹시 전기 고문이나 다른 고문을 당했어?" 하고 물었다. 영현은 "그런 것은 아니고, 몇 대 맞았어요"라고 대답했다. 지상윤은 저들이 영현에게 무슨 짓을 했는지 다 짐작할 수는 없었지만 침착하게 영현에게 너무 불안해하지 말라고 토닥여주었다.

지상윤이 다시 자리로 돌아오자마자, 심사 장교가 수건으로 땀을 닦으며 조사실로 들어왔다. 영현이 작성한 자술서를 슬쩍 읽어보고는 캐비닛에 넣고, 영현을 데리고 나가더니 잠시 후 혼자 돌아왔다. 얼마 안 지나 장교는 다시 테니스를 치러 나가는 듯 보였다.

상윤은 곱씹어 볼수록 자기가 본 내용을 믿을 수 없었다. 상윤은 호만에게 망을 보게 하고 캐비닛을 열어 한영현의 진술서를 한 번 더 읽었다. 진술서에는 경찰에서 작성한 것으로 보이는 문답식의 진술조서와 함께 보안사에서 작성한 영현의 자술서가 있었다. 진술서 말미에 심사 장교 의견서가 2장 정도 첨부되어 있었는데, '이것은 제2의 학림, 무림 사건이고 관련자에 대해서는 광범위하게 다시 한번 조사할 필요가 있다'는 내용이었다. 그리고 작성자인 조용천 중위의 이름이 서명되어 있었다.

그 뒤로도 상윤은 며칠 동안 한영현을 보안부대 식당이나 조사실 주변에서 스치듯이 지나치며 두세 번 짧게 대화할 수 있었다. 상윤은 영현에게 너무 많은 사람 이름을 말하면 나중에 그 사람들을 어떻게 보겠냐며 이후엔 조심해서 진술하라고 영현에게 조언했다.

한동안 마음이 불안했던 상윤은 영현의 진술서에 여러 번 적힌 학생 두서너 명의 이름을 기억해내려 애썼다. 조심하라고 알려주어야겠다는 생각이었다. 그 무렵 한영현은 훈련소로 복귀하였다. 상윤은 207보안부대 사병으로 대학재학 중 입대한 안면 있는 병장에게 한양대로 전화를 해 달라고 부탁했다. 제대를 앞두고 있던 상윤은 제대하자마자 곧장 학교로 찾아가리라 마음먹었다.

영현처럼 훈련병 신분으로 보안사의 조사를 받는 것은 매우 드문 경우였다. 그리고 일주일간 내리 집중 조사를 받는 경우도 드물었다. 보안사령부에서 직접 지시하지 않으면 통상 사단 보안부대는 입대한 강집자들을 자신들의 일정에 따라 따로 불러 심사하였다. 그런데, 사단 내 심사 장교는 한 명에 불과해서 공작 대상이었던 이들은 입대한 뒤 보통 1년 정도가 지나야 소위 심사라는 녹화 공작에 불려갔다. 그런데 영현의 경우에는 이 심사 과정이 전례 없이 급속히 진행되었다. 이는 보안사에서 한양대를 담당했던 활동관 김수현의 직접 요청에 따랐다고 할 수도 있다. 하지만 어떤 식으로든 영현에 대한 입대 후 조사 과정에 정상적이지 않은 강압과 폭력이 있었던 것으로 추정된다.

영현은 4월 20일부터 27일까지 207보안부대에서 조사를 받고 내무반으로 돌아올 수 있었다. 보안부대에서의 조사는 그 자체가 보안 사항이었다. 다녀온 사실조차 외부에 발설하지 못하게 함구령이 떨어졌다. 심지어 보안사에서 강집자들을 소환할 때는 아버지가 돌아가셨다는 가짜 통지를 만들어 휴가증을 끊게 하여 조사를 하는 경우도 있었다.

강제 입영 동기이자 같은 소대원인 최호정이 그동안 어디 다녀왔느냐고 물었을 때도 영현은 집에 무슨 일이 있어 휴가를 다녀왔다고 말했다. 얼굴에 나타나는 영현의 표정은 썩 좋아 보이지 않았다. 조금 우울해 보였지만 심하게 괴로워하는 얼굴은 아니어서 호정은 그저 집안에 무슨 일이 있었구나 하는 정도로 이해하고 넘어갔다. 하지만 다른 소대원인 김진도는 영현이 가슴 통증으로 힘들어했다고 기억했다.

영현은 며칠 남은 훈련에 정상적으로 임했다. 5월 9일 신병교육대를 퇴소하고 자대로 배치받아 나올 때는 만화영화 '마징가 제트'를 개사한 노래를 부르며 일행의 분위기를 띄웠다. 강집자들 모두 개사곡에 피식피식 웃으며 즐거워했다. 누구도 영현이 보안부대에서 겪은 일을 정확히 알지 못했고, 본인도 입 밖에 내지 않았다. 답답하지만 내색할 수 없었던 영현은 큰 웃음으로 자신의 기분을 조절하려 노력했다. 추위를 많이 타는 사람일수록 두꺼운 옷을 찾아 입는 것처럼.

제5과장
사자춤

유인물 배포

 탈반에 대한 조사와 연행, 강제징집에도 불구하고 1983년 봄 학교에는 몇 가지 변화가 생겼다. 조직개편으로 활력을 되찾은 운동팀은 82학번을 포함하여 인원이 늘었다. 이문범은 인문사회연구회의 리더로 학내 학생운동 전반을 조율하였다. 운동팀은 1983년 한 해를 보낼 계획을 하나씩 진행해 나갔다. 제일 먼저 3월 28일 교내에 한 해의 투쟁을 알리는 유인물을 만들어 뿌렸다.

 80학번 이주항, 김응선이 1학기 시위를 담당하기로 했다. 이들은 등사기를 구입하고 둘이 역할을 나누어 유인물을 작성했다. 주제목은 '한양민주학우에게 보내는 글'로, 부제로 '반파쇼 민주화 투쟁을 위하여', '전두환 파쇼 집단을 타도하자'로 정했다. 서론에는 '민중의 반제반봉건, 반독재투쟁사'를 집어넣었다. 그리고 본론에서는 '현 정권은 폭력을 수단으로 민중의 자유와 인권을 수탈

하는 정권'이라고 비판했다. 여기에는 '한일경협, 외채, 한미일 3각 안보체제 등 군사적 경제적 종속관계'를 비판하는 내용을 포함시켰다. 그리고 '민족사 바로잡기에 학생들이 동참하자'라는 내용으로 끝을 맺었다.

3월 25일 김웅선의 자취방에서 8절지 600매를 등사했다. 사흘 뒤인 3월 28일, 학생들의 등교시간에 맞춰 한 조는 문리대 강의실과 중앙도서관 4층 열람실, 의대 앞 잔디밭에, 다른 조는 상대, 공대의 강의실 등에 살포했다.

이들은 배포 동선이 겹치지 않도록 주의하며 왕십리역에서 한양대로 이어지는 길까지 유인물을 뿌렸다. 유인물 중 의대 앞 잔디밭에 뿌려진 전단은 점심때까지 그대로 남아 있어서 이를 본 82학번 언더팀원이 잔디밭에 넓게 펼쳐놓았다. 이날의 유인물 배포는 성공적이었다.

성동서와 학교 당국은 다시 한번 허를 찔렸다. 공대 시위와 이어진 유인물 사건도 해결하지 못했는데, 또다시 유인물이 학교 전체에 뿌려졌기 때문이었다. 성동서 학원반이 급해졌다.

운동탈 81학번 3명이 강제징집되었지만 성동서는 여전히 유인물 수사의 실마리를 찾지 못하고 있었다. 탈반을 주목하던 그들은 탈반 공대 82학번 정희연을 조사하기로 했다. 무언가 증거가 있어서라기

보다는 한양대 운동 성향 서클 회원을 무작정 탐문한 것이다.

4월 초 정희연이 교련 수업을 마치고 나오니 형사들이 기다리고 있었다. 형사들은 다짜고짜 '네가 사는 자취방으로 가자'라고 정희연을 몰아세웠다.

희연은 형사들을 집까지 안내하는 듯 앞서가다가 주의가 허술해지자 뿌리치고 도망쳤다. 희연은 집으로 가기가 무서웠다. 이우영에게 전화해서 운동탈의 팀방으로 쓰던 자신의 자취방을 치워달라고 부탁했다. 연락은 79학번 정수경을 통해 현정길에게도 전달되었고 이들은 희연의 방을 치우러 갔다.

정희연을 놓친 성동서 형사들은 사범대 82학번 이충인을 연행했다. '희연이가 100% 불었으니 희연이네 방으로 가자'라고 윽박질렀다. 강한 압박감을 받은 충인은 피해 갈 수 없음을 느끼고 희연이 이전에 살던 방을 알려주었다. 집주인 할머니가 희연이 새로 이사간 집을 모르리라 생각하고 형사들을 안내한 것이다.

그러나 할머니가 연세에 비해 총기가 있으셨던 탓에 희연이 이사간 집을 기억했고, 성동서 형사들은 쉽게 희연의 방을 찾았다. 성동서 형사들은 희연의 방을 확인하고 집 근처에서 잠복하고 있다가 방을 치우러 온 이우영, 현정길을 연행했다. 이어 책을 빌리러 온 수학과 82학번 한기성까지 연행했다.

희연의 방에는 보안법으로 걸릴 만한 금서가 있었다. 그러나 일

본어 책이었으므로, 형사들은 그 책을 넘겨보다가 그냥 넘어갔다. 단지 사회과학 서적 몇 권을 가져가 물어보았으며, 간단한 진술서를 받고 모두 훈방했다. 성동서도 이들을 조사한 이유가 유인물을 뿌린 학생을 찾기 위한 것이어서 이들에게 구체적 혐의점이 없자 혹독한 조사까지는 하지 않았다.

　미로에 빠진 것처럼 유인물 배포자를 찾을 수 없었던 성동서 형사들은 4월 15일 신병교육대로 한영현을 조사하기 위해 찾아갔다.

녹음테이프

　4월 15일 오전, 4.19행사를 준비하는 한양대 언더팀은 학교 안에 유인물을 배포했다. '반파쇼 피의 투쟁을 전개하자'라는 제목 아래 '4.19혁명 23주기를 맞이하여 한양학우에게 보내는 글'이라는 부제를 단 유인물 700매가 교내에 뿌려졌다. 같은 날 형사 2명이 화천 7사단 신병교육대를 방문했다. 위병소를 거칠 때 형사들은 자신의 신분을 성동경찰서 정보과장 외 1인으로 기재했다. 위병소 선임자가 어딘가로 전화를 걸었다.

　며칠이 지난 뒤 형사들은 현정길을 연행했다. 이형진 형사가 정길에게 영현이 보안사에서 고문을 당했고 '칠성판' 위에서 똥물을 토해가며 진술했다고 운을 떼었다. 형사들은 정길에게 한영현의 진술을 잘 들어보라며 녹음기를 틀었다.

정길은 녹음테이프가 재생되는 동안, 가능한 한 한 마디도 잊지 않으려고 온몸의 감각을 곤두세웠다. 테이프에서 영현의 진술이 흘러나왔다. 녹음 속 영현은 먼저 자기의 성장과정에 대해 이야기했다. 뒤이어 정길은 기청에서 활동을 하고 있으며, 자기는 연탈에서 활동했다는 말이 나왔다. 학교 상황에 대해서는 학내 운동이 학회 위주로 재편되는데, 그 내용은 이문범이 잘 알고 있다는 진술도 있었다. 약 30분 분량이었다. 녹음테이프 속 진술은 질문자 없이 영현의 말로만 구성되어 있었다. 중간중간 끊기기도 한 것으로 보아 편집된 것이 분명했다.

형사들이 그 테이프를 정길에게 공개한 건 '다 알고 있으니까 불지 말라'는 뜻이었을까? 밤을 꼬박 새며 "유인물을 누가 뿌렸는지 대라"라고 집요하게 추궁하던 경찰은, 완강하게 모른다고 잡아떼는 정길을 구체적인 혐의가 없어서인지 당장 구속하지 않고 집으로 돌려보냈다. 하지만 정길은 이형진 형사의 표정을 잊을 수 없었다. 마치 '보안사 가면 진실이 다 나오니까, 끝까지 안 불면 너도 군대로 보내겠다'라는 태도였다. 일종의 협박이었다.

정길은 자신이 들었던 테이프가 녹음될 당시의 정황을 알 수 없었다. 정말로 경찰과 보안사가 합동으로 영현을 고문했다는 말이었는지, 테이프가 어떻게 편집되었는지, 어떤 유도심문을 받았는지도 궁금했다. 그리고 그 테이프를 왜 하필 정길에게 들려줬는지도 해석하기 어려웠다. 하지만 정길이 들은 말은 모두 '사실'이었다. 영현의 목소리였고, 영현이 연탈에서 활동한 내용은 이미 알려진 사실이었다. 그러나 정길이 기청에서 활동한다는 사실이나 학내 운동권이 학회 중심으로 재편된다는 사실, 그리고 이문범이 그 모든 사실을 알고 있다는 것은, 어찌 보면 외부에서 활동하는 영현이 학내 상황에 대해 아는 전부이며 정길 자신이 영현에게 해 주었던 말이기도 했다.

현정길은 혹시라도 자신을 따라다닐지 모를 그림자를 피해 며칠을 보낸 다음, 어렵게 이문범을 만났다. 정길의 이야기를 들은 문범은 영현이 경찰들에게 학내 상황을 진술했다는 것과 자신의 이름까지 드러났다는 사실에 놀랐다. 문범은 혹시 자신이 잡혀갈 경우, 그리고 고문과도 같은 신체적 고통이 자신에게 가해진다면 어디까지 버틸 수 있을지, 누구부터 불어야 언더팀의 피해를 최소화할 수 있을지를 잠깐 생각해 보았다. 잘못된다면 자신뿐만 아니라 한양대 언더팀이 붕괴될 수도 있다는 걱정에 여러 생각이 스쳐 지나갔다.

정길은 정길 나름대로 탈반에서 나온 진술 때문에 언더팀뿐 아니라 한양대 운동권 전체에 피해를 줄 수도 있다는 생각이 들어 면목이 없었다. 또한 운동탈의 팀방이 이미 털렸으며, 전에 조사 받은 82학번을 포함하면 거의 모든 운동탈 멤버들이 노출된 상태였다. 게다가 영현의 진술이 담긴 녹음테이프까지 나왔으니 탈출구가 보이지 않았다.

둘이 머리를 맞대고 대책을 논의해 봐도 뾰족한 수는 없어 보였다. 결론은 '탈반은 모두 노출되어 조직을 유지하기 불가능해 보인다'라는 것이었다. 둘은 성동서의 수사로부터 운동탈과 언더팀의 고리를 끊고 학내조직을 보호하기 위한 수습책을 만들었다. 현정길이 1학기 시위에 합류한 후 신변을 정리하면 시위 이후에도 체포되지 않고 남은 82학번 인원들을 개별적으로 언더팀으로 흡수하기로 했다. 정길은 곧바로 모든 공개 활동을 끊고 잠적했다. 문범을 통해 시위를 준비 중인 박유순을 만나 시위팀에 합류한 것이다.

성동서 형사들은 한영현의 입을 통해 이문범의 이름을 들었지만 얼굴조차 몰랐다. 정길이 영현의 녹음 진술을 들은 며칠 뒤인 4월 하순, 문범은 인문대 교학과의 호출을 받아 들어갔다. 이전에 사학과에 학회를 만드는 문제로 가벼운 충돌이 있어 구면이었던 송 계장은 문범을 보자마자 대뜸 호통을 쳤다.

"이문범! 나처럼 의식이 없는 것도 문제지만, 너같이 의식이 높은 것도 문제다."

"네?"

문범의 반문에도 송 계장은 아무런 설명 없이 소파를 가리키며

"거기 앉아 있어." 고함치듯 말했다. 잠시 후 한 사람이 교학과 사무실로 들어왔다. 송 계장도 들어온 사람도 아무 말이 없었다. 그 사람은 선 채로 앉아 있는 문범을 유심히 쳐다보다 나갔다. 그제야 송 계장은 문범에게 가도 된다고 말했다.

 문범은 '이유 없이 나를 왜 불렀지?' 어이없어 하며 돌아왔다. 낮도깨비에게 홀린 느낌이었다. 그날 문범이 본 사람은 학원반의 이형진 형사였다. 이문범이 누구인지 얼굴을 확인하려고 학생처에 부탁해서 이루어진 만남이었지만 문범은 한참 후에나 그런 진짜 이유를 알 수 있었다.

시간차 시위 작전

　시위팀에 현정길이 가담하면서 인원이 3인으로 늘었다. 시위전략도 바뀌었다. 행당 축전을 앞둔 5월 9일이 예정일이었다. 현정길은 법상대 건물에서 먼저 시위를 주동하고, 이쪽으로 경찰이 몰려갈 때 이주항과 김응선이 학생들이 가장 많이 모이는 학생회관 앞 한마당에서 별도로 시위하는, 이른바 시간차 시위계획이 완성되었다. 먼저 유인물을 만들었다. '파쇼 무리로부터 한양학원을 탈환하자'를 주제로, '한양대학교 반파쇼 투쟁의 진일보를 위하여'를 부제로 한 유인물 600매를 등사하여 학교 곳곳에 뿌렸다.
　시위팀의 준비와 별개로 언더팀도 바빠졌다. 80학번 박유순이 일일이 임무를 부여했다. 현정길이 주동하는 법상대 앞에는 81학번 장윤철, 82학번 이우영 등과 경제학과, 정외과 학회의 인원을 배치했다. 어느 정도 학생이 모여 시위대가 만들어지면 한마당까지 오도록 유도하는 역할을 주었다. 그리고 한마당에 나머지 인력 대부분을 배치하였다. 주동자에 대한 경호조와 사진 채증을 방해하는 인원도 배치하였다.

시위 전날이었던 5월 8일 23시쯤, 81학번 심장식이 문범에게 전화를 걸었다. 시위 정보가 샜다는 것이다. 공대 소그룹 중 한 명이 노천극장에서 본관으로 내려가는 길에서 5월 9일 시위가 있을 거라는 말을 했는데, 지나가던 형사가 듣고 잡아가서 시위 정보를 취득하고 풀어줬다는 내용을 다급한 목소리로 전했다. 문범은 철렁했다. 시위팀은 보안을 위해 연락을 끊고 있어 당일 11시 30분에야 학교로 들어오기로 계획이 되어 있었다.

살곶이 다리에서 한참을 기다리던 문범의 앞에 시위조 3명이 모습을 드러냈다. 문범은 상황을 설명하고 시위를 연기하는 게 어떻겠느냐고 조심스럽게 물었다. 그러나 그날을 위해 오랜 시간 준비해 온 시위팀은 이미 극심한 피로에 지쳐 있었다. 어차피 시위를 하면 잡혀가는 게 당연한 시대였다. 그들은 각오한 듯 흔들림 없이 강행하기로 의견을 모았다.

시위팀과 헤어진 문범이 학교를 둘러보니, 형사로 추정되는 사람이 여기저기 많이 눈에 띄었다. 학생회관 앞은 더욱 그랬다, 다른 경찰서에서 인력 지원까지 받은 모양이었다. 문범의 긴장감은 극에 달했다. 다행이라면 학생 시위가 학생회관 앞에서 있을 것으로 예상했는지 법상대 쪽은 형사들이 안 보인다는 점이었다.

그 시각, 김응선은 운동장에서 대기하고 현정길과 이주항은 운동장을 통해 상경대 모니터룸에 들어갔다. 모니터룸에 있던 여직원을 내보낸 뒤 현정길은 안에서 문을 잠갔다. 이주항은 밖에서 출입문 구멍에 껌을 넣어 열쇠로 못 열도록 조치하고 김응선과 함께 학생회관 앞으로 이동했다.

곧이어 현정길이 모니터룸 유리창을 깨고 공중으로 유인물을 뿌리며 플래카드를 내렸다. 메가폰으로 사이렌 소리를 내서 주위의 이목을 집중시킨 뒤 "광주학살 원흉 살인마 전두환 타도하자!" "학원자유 보장하라!"라고 구호를 외쳤다. 법상대 건물 주위에 있던 학생들이 몰려들었다. 50여 명이 모였으나 대열이 형성되기에는 턱없이 모자랐다. 얼마 지나지 않아 현정길이 잡혔다.

같은 시간, 학생회관 앞에는 점심시간이라 학생이 많았다. 잠시 뒤 무슨 일이 일어날지 모른 채 태연하게 지나다니는 사람들 사이에 형사들과 언더팀 인원들이 섞여 있었다. 언더팀 학생들은 초긴장하여 아는 얼굴을 만나도 서로 모르는 척하며 시위를 기다렸다. 처음 학내 시위에 참석하는 인원들은 입이 바짝 말라 들어갔다. 갑자기, 형사들이 "떴다, 떴다!" 외치며 법상대 건물 쪽으로 뛰어가기 시작했다. 그런데, 성동서 형사들만 법상대로 이동할 뿐,

타 경찰서에서 지원 나온 형사들은 지리를 몰라서일까, 움직이지 않고 자리를 지키고 있었다.

순간, 학생회관 앞 자연대 1층 문을 열어젖히며 불붙은 횃불을 든 이주항이 뛰어나왔다. "전두환 파쇼정권을 타도하자!" 구호를 외치며 한마당 중간에 있던 플라타너스 나무를 두어 바퀴 돌았는데, 지키던 형사들에 의하여 그대로 잡혀갔다. 너무나 빨리 체포되다 보니 경호조가 작동될 여지가 없었다.

몇 분 뒤 김응선도 뛰어나왔다. 김응선은 나무 위로 올라가려 했는데 형사들 때문에 나무 주위를 두어 바퀴 돌며 구호를 외치다가 거의 형사에게 잡힐 지경이 되었다. 이때 경호조였던 공대 82학번 양금식이 몸을 날려 뒤에서 형사의 발을 걸어 넘어뜨렸다. 몸을 피한 김응선은 학생회관으로 뛰어 올라가고, 이를 잡으려는 형사와 학생 간에 싸움이 벌어졌다. 계단을 거의 올라간 김응선이 형사에게 허리춤을 잡힐 뻔한 순간, 뒤에 있던 어떤 학생이 형사를 뒤로 잡아당겼다. 형사는 미끄러지며 계단 밖으로 떨어졌다.

학생회관 2층까지 올라간 김응선은 소화기를 들고 형사들과 대치하며, 소화기를 던져 대형 유리창을 깼고, 이어 재떨이로 쓰던 항아리도 대형 유리창에 던졌다. 놀란 형사들이 자기 몸을 보호하기 위해 김응선과 거리를 두면서 다가갈 기회를 살피고 있었다. 몇 분간의 대치 끝에 김응선이 소화기를 들고 학생회관 앞 한마당으로 나가자 형사들은 기세에 눌려 옆으로 물러났다. 그사이 언더팀 중심으로 학생들이 시위대를 형성해 본관 쪽으로 행진하려 했지만, 수적 열세로 인해 형사들과 교직원이 한꺼번에 달려들자 금방 깨지고 말았다. 김응선이 다시 대열을 끌어모으기 위해 학생회관 앞으로 가는 중, 피해 있던 형사들이 달려들었다. 마지막 시위 주동자 김응선까지 잡히면서 5월 9일의 짧은 시위가 마무리되었다.

한바탕 총성 없는 전쟁이 지나간 것 같았다. 한 번의 시위를 위해 2개월 넘게 준비했는데 불과 10여 분 만에 끝났다. 문범은 현정길을 보낸 것이 못내 아쉬워 상대 쪽으로 가보았다. 정길이 잡힌 곳을 가리키며 학생 몇 명이 "여기가 역사적 현장이다"라고 웅성댔다.

'그동안 시위 한번 없던 어용학교 한양대라는 이미지가 깨졌을까?'

문범은 생각해 보았다. 잔잔한 호수에 돌을 던지면 파장이 만들어지듯, 비록 짧은 시위였지만 학생들의 마음에 무언가 던져준 것만으로도 작은 씨앗이 될 수 있을 거라고 위안을 삼기로 했다.

시간차 공격은, 작전은 좋았지만 결국 성공하지 못했다. 그래도 성동서는 의표를 찔렸다. 어떤 성동서 형사가 "영악스러운 놈들, 하마터면 우리가 크게 당할 뻔했어"라고 학생들 앞에서 혼잣말을 뱉었다.

당일, 주동자 3명이 구속되었고 단순가담자로 공대 81학번 용영식, 수학과 82학번 장현철 외에 4명이 끌려갔지만 훈방되었다. 이 여파로 공대 82학번 정희연은 지도휴학을 받아 6월 9일 강제징집되었다.

현정길과 약속대로 언더팀은 5월 말부터 운동탈에 있던 82학번 정리작업을 진행했다. 군대로 가는 정희연을 제외하고 나머지 6명을 언더팀으로 흡수하여 각 팀으로 배치하였다.

불림

흑운이만천천불견 黑雲而萬天天不見
검은 구름이 가득 차 하늘이 보이지 않는다

녹 취 서

녹음일시	2001 년 4 월 12 일 13 시 분.
전정사건	제 49 호 한영현 사건 증언 녹취록
녹음장소	의문사진상규명위원회 회의실
대화자	피녹음자 : 조사 3과 :
작성일	2001 년 04 월 20 일.
작 성	

※ 본 녹취록은 테이프의 내용과 상이 없음을 證明함.

※ 본 녹취록은 테이프의 청취불능부분이 있으므로 오기 또는 누락이 있을 수 있음. (***표시는 청취불능 표시임)

※ ( ) 표시는 문장의 이해를 돕기 위해서 첨부되있음.

※ 본 녹취록의 시간, 장소, 인명, 일부고유명사는 의뢰자의 증언에 의거한 것임.

※ 본 녹취록 테이프는 당사자가 보관함과 동시에 테이프의 분실시에는 본 녹취록은 무효임.

그날의 조각들

2001년 4월, 의문사진상조사위원회 사무실은 텁텁한 공기가 가득 차 있었다. 조사관은 마치 벼려진 칼날처럼 날카로운 목소리로 질문을 이어갔다. 그는 진술인에게 한영현의 육성 테이프를 들려준 사실이 있지 않느냐며 기억을 더듬어 보라고 추궁했다.

조사관의 물음에 전직 형사 이종수는 입술을 움직이며 주저했다. 눈빛은 오래된 기억을 떠올리려 애쓰는 듯 가늘게 떴다 감기를 반복했다. 형광등 아래 그의 눈가엔 피로가 역력히 드러나 있었다. 조사관은 그가 과거에 이형진과 함께 보안부대에 가서 테이프를 가져온 일을 기억하느냐며 압박을 가했다.

추궁의 강도는 점차 높아졌다. 조사관은 그가 전방까지 다녀온 사실을 언급하며 테이프를 들려줬던 정황을 되짚었다. 이종수는 처음에 한영현의 부대를 간 기억은 있으나 녹음한 일은 없다고 발

뻔했다.

조사관은 서류를 꺼내며 현정길이 진술한 조사 기록을 읽어주었다. 현정길은 학교 유인물 사건 이후 군 복무 중인 한영현을 형사들이 조사했으며, 조사에 참여한 형사들의 이름으로 이종수와 이형진을 지목하고 있었다. 이형진 형사는 이미 이 세상 사람이 아니었기에 모든 조사는 이종수에게 집중되었다.

조사관은 다시 질문을 이어갔다. 면회를 간 시기, 목적 그리고 녹음테이프의 존재 여부에 대해 꼬치꼬치 캐물었지만 이종수는 계속 기억이 나지 않는다고 답했다. 그러나 그는 이형진과 함께 전방에 갔다는 점은 인정했다. 조사관은 그 면회가 단순한 친분의 차원이 아니라 수사기관 차원의 방문이었음을 지적하며, 녹음과 조사가 이뤄졌다는 정황을 제시했다.

조사관은 조사 목적이 아니었다면 군 복무 중인 인물을 굳이 찾아가서 그런 면회를 했겠느냐며 의심을 제기했다. 이어서 그는 당시 한양대에서 벌어진 유인물 사건과 한영현의 연결고리를 강조했다. 그리고 '군부대에서 면회를 하려면 수사기관의 정식 절차가 있어야 하며, 누군가의 협조와 사전 준비 없이는 불가능한 일'이라고 강조했다. 단순 방문이 아니라 조사와 관련된 활동이었음을 확인하고자 했던 것이다.

조사관은 마지막으로, 한영현이 응원 연습을 하던 시기에 면회를 갔는지 여부를 묻고, 당시 날씨나 시기를 기억하느냐고 재차 확인했다. 이종수는 체육대회를 앞둔 시점이었다고 회상했으며, 면회는 계장의 지시에 따라 준비 없이 따라간 것이라고 주장했다. 이종수 형사의 첫 번째 의문사진상조사위원회의 조사는 성과 없이 마무리되었다.

그러나 이종수의 이런 식의 부인은 끝내 조용히 묻힐 수 없었다. 유가족들의 멈추지 않는 탄원과 동료들의 요청이 수차례 이어졌다. 출석 요구를 거듭하던 위원회는 마침내 구인장을 발부했고, 버티고 있던 퇴직 형사 이종수는 다시 강제 소환되었다.

2002년 9월 11일, 위원회 조사실에 앉은 그는 한동안 말이 없었다. 그러다 곧 입을 열었다. 마치 오래전 봉인된 기억을 되짚는 듯, 조심스럽고 무거운 목소리였다.

1983년 4월 15일, 이형진과 이종수는 계장의 지시로 군 복무 중이던 한영현을 찾아갔다. 해당 부대와의 조율은 윗선에서 했다고 진술했다. 이종수의 말에 따르면, 당시 한영현의 상태는 얼굴이 많이 망가져 있었다고 했다. 자기가 보기에도 참혹한 상태로, 보기에 흉할 정도였다는 말을 덧붙였다. 영현은 많이 마르고 까맣게 탄 모습이었다고 기억을 더듬었다.

이종수는 이형진을 밖으로 내보낸 뒤, 한영현을 면회실 옆방으로 데려가 대화를 나누는 척하며 몰래 대화 내용을 녹음했다. 그는 장소를 옮긴 이유에 대해 "영현을 안심시키고 자연스럽게 대화하기 위해서였다. 차마 그의 눈앞에서 내용을 받아 적을 수는 없었다"라고 변명했다. 이들은 며칠 뒤 현정길을 연행한 후 영현의 목소리로 녹음된 내용을 고스란히 들려주었다. 의도적으로 편집되고 맥락이 조작된 이 테이프의 존재는 한양대 동료들 사이로 퍼져나갔다. 결국 한영현에게는 '프락치'라는 주홍글씨가 새겨졌다.

제6과장
양반춤

체육대회 연습

학교에서 짧은 시위가 있었던 5월 9일, 7사단 강집자들은 훈련소에서 나와 서로 다른 곳으로 배치되었다. 영현은 처음 5연대로 보내졌다가 곧바로 8연대로 바뀌었다. 영현을 포함한 신병 3명은 1대대 1중대 소총수로 보직을 받고 12일까지 본부중대에서 대기했다. 5월 12일부터 25일까지 1중대는 주파리에 자리한 쌍룡댐 건설현장에 동원되었다. 신병들은 그동안 별도로 사격훈련을 받으며 시간을 보냈다.

입대한 지 1년이 지난 강원대 79학번 최재관은 쌍용댐 건설에 투입되어 주파리에서 천막생활을 하고 있었다. 어느날, 8연대 1중대 동기가 찾아와 말했다.

"재관아, 네가 좋아할 친구가 왔다!"

재관은 그의 말에 이끌려 1중대 막사로 갔다.

막사 안에서 '진주난봉가' 노래가 흘러나왔다. 노래가 끝나자,

동기가 막사로 들어가 그 노래의 주인공을 불러냈다. 호기심에 눈을 빛내며 재관이 물었다.

"너 어디서 왔니? 몇 학번이니?"

영현이 쭈뼛거리며 한양대 탈패 81학번이라 대답하자 재관은 우선 반가운 마음이 와락 몰려들었다. 재관은 연탈의 아는 사람 이름을 대며 "너 누구 알어?"로 시작하는 그들만의 확인 작업을 했다. 연탈뿐 아니라 서울지역 탈반 멤버들을 대충 알고 있었던 재관에게 영현은 군대라는 고립된 장소가 주는 두려움 속에서도 반가운 얼굴이었다. 영현과 재관은 그날 이후 친해졌다. 어쩌면 서로 의지해야 하는 대상이었다.

5월 25일 주파리 쌍룡댐 건설지원이 끝난 대대는 화천 신읍리 원대로 돌아왔다. 대대장 박종학 중령이 중대장들을 소집해서 6월 10일 사단 창립기념일에 연대 대항 응원대회가 있으니 소대별로 인원을 차출하여 연습시키라는 지시를 내렸다. 영현이 속한 8연대 1대대는 철책 지역이 아닌 종심 부분 근무라 사단 체육대회 조직 업무가 떨어진 것이다. 응원단의 인원 차출은 1중대장 박창호에게, 응원 연습은 3중대장인 조성훈에게 할당했다. 지시사항은 물처럼 흘러 아래로 내려왔다.

중대장 박창호는 소대별로 지시사항을 하달하고, 소대별로 한두 명씩 소질이 있어 보이는 인원을 응원단에 차출하였다. 영현은 응원단에 풍물팀이 있다는 것을 알고 자원했다. 대학 탈반 출신이라 장구를 잘 친다고 하고 응원단 풍물팀에 합류했다.

3중대 막사 개울 건너 영점사격장에 응원단 연습용 천막이 쳐졌다. 영현은 5월 28일부터 6월 9일까지 일과 중엔 응원단 천막에서 연습하고 막사로 돌아와 취침하는 생활을 하였다. 체육대회 직전에는 전체 응원단 인원 100여 명과 함께 천막에서 숙식을 해가며 맹연습했다.

응원단 풍물팀에는 외대 출신으로 1년 전 문무대 입소 거부 사건으로 강제징집되어 들어온 김정운이 응원단장으로 함께했다. 김정운과 영현은 교회 종교활동에서 알게 되었다. 정운은 영현이 늑막염이 있고 눈도 굉장히 나쁜데다 허리도 좋지 않다는 소리를 들었는데 의외로 장구도 치고 농악을 하며 북을 잘 치는 걸 보고 "자식, 멀쩡하네"라고 놀렸다. 소대 전체 막내였던 영현으로서는 내무반에서 고생하느니 마음 맞는 사람들과 풍물을 치는 순간이 더 좋았다.

신병훈련소를 나와 5연대로 자대 배치를 받은 최호정은 처음 훼바 근무를 했다. 호정의 중대는 속칭 '덕비기네'에 있었는데, 막사 앞에는 비포장 군사도로가, 옆 벌판에는 공병대가 있었다.

응원단 천막이 공병대 옆에 있어 호정은 영현을 자주 보았다. 천막 옆 개울에 빨래하러 갔다가 빨래하는 영현과 마주치기도 했고, 지나가다가 천막에 있는 한영현을 보기도 했다. 둘 다 졸병이라 길게 이야기하지는 못하고 짧게 아는 체 정도만 하고 지나쳤다. 영현은 주로 트레이닝복 차림으로 건강해 보였다.

응원 연습을 하며 김정운은 영현과 좀 더 친해져 많은 깊은 이야기를 나눴다. 그때 영현은 사단에서 신병훈련을 마치고 자대 배치 전에 휴가를 갔다 왔다고 했다. 이 말을 들은 정운의 동기 하나가 "뭐 이런 놈이 있어!"라고 짜증을 냈다. 신병훈련을 마치고 휴가를 가는 것은 군대에서 있을 수 없는 일이었기 때문이다. 그러므로 영현이 휴가를 갔다는 곳은 보안대일 수밖에 없었고, 실제로 영현이 응원 연습 중에도 수시로 보안대에 불려 다니는 것을 보기도 했다. 정운은 '영현, 이 자식이 정보를 많이 가지고 있으니까 이렇게 괴롭히나 보다'라고 추측했다.

어느날 정운은 보안대에서 조사받았던 경험을 서로 이야기 나눴다. 정운은 신병훈련 중 보안부대에서 하루 조사를 받았고, 자대배치를 받은 뒤 얼마 지나지 않아서 2박 3일 정도, 20쪽 분량의 진술서를 7~8회 정도 작성했던 일을 말했다. 정운은 조사 중에 보안사 병장으로부터 "대가리 박어" 정도의 얼차려를 받았다고 털어놓았다. 영현은 "지하실에 갔었다"며 심하게 구타를 당해 고막이 터졌다는 사실을 조심스럽게 말했다.

사단 체육대회가 끝났다. 영현이 속한 8연대는 응원상을 받았다. 응원단으로 있던 영현에게도 일주일의 포상 휴가증이 나왔다.

편지

 현정길은 재판에서 1년 6개월의 실형을 받았다. 경찰은 현정길을 포함한 3명을 구속했고 어느 정도 한양대 학생운동권을 정리했다고 확신했다. 3월과 5월 유인물을 배포했던 인원을 잡아넣었고, 탈반을 중심으로 드러났던 정길을 구속했으며 희연을 지도휴학으로 강제징집했기 때문이었다. 하지만 오산이었다.

 6월 초의 어느날 점심시간, 한양대 언더팀은 80학번과 81학번을 총동원하여 학교 내에 대대적인 1학기 정리 유인물 배포작업을 했다. 성동서와 학교는 5월 9일 시위와 별개로 학교 전체에 점심시간이라는 짧은 시간대에 유인물이 대량으로 배포되었다는 점에서 한양대에 아직도 운동권이 남아있으며, 인원도 적지 않다고 평가했다. 정보과는 또다시 이들을 잡기 위해 동분서주하기 시작했다.

다른 대학에 비해 시위가 적어서였을까, 학내 운동권 조직에 대한 정보가 없었던 성동서는 6월 초 유인물 배포자를 찾기 위해 7사단으로 이형진, 이종수 형사를 보냈다. 또다시 영현을 찾아간 것이다. 체육대회 연습기간이었다. 형사들이 위병소를 거쳐 들어왔고, 연습 중이던 영현이 불려 나갔다. 정운은 '저 녀석 어지간히 불려다니는구나' 생각했다.

이 무렵 영현은 82학번 후배 한경희의 편지를 받았다. 영현은 편지를 통해 현정길이 구속되고 운동탈이 해체되었다는 내용을 알게 되었다. 영현은 엄청난 충격에 빠져 며칠 동안 잠을 이루지 못했다. 보안사에서 자신이 했던 진술이 독이 되어 돌아왔다고 확신했다. 운동탈을 지도하던 현정길의 구속 이후, 운동탈 82학번 6명은 개별적으로 언더팀에 흡수되었지만, 영현과 편지를 보낸 후배는 그런 사실까지는 알지 못했다.

체육대회가 끝난 뒤 응원단 앞으로 휴가증이 10장 나왔다. 응원단장이던 김정운은 한영현을 그중 한 명으로 추천했지만, 영현의 포상휴가가 자신이 추천한 결과라고 생각하지는 않았다. 재관도 영현의 휴가는 보안사의 결정일 것이라고 판단했다.

6월 15일, 영현과 정운은 대대에 가서 휴가 출발 신고를 하고 화천까지 함께 나갔다. 두 사람은 화천에 있는 보안부대를 경유해야 했다. 휴가여서 즐거워야 했지만, 영현은 정운에게 "친구들 만나는 게 무섭다"라고 말했다. 정운은 영현의 사정을 잘 알았기에 아무 말도 하지 않았다.

보안부대에서 정운은 "서울에 가면 여기로 전화해"라는 지시와 함께 알 수 없는 전화번호를 받았다. 서울에 도착한 정운이 그 번호로 전화를 걸자, 상대방은 귀찮다는 듯이 "뭐? 그래?" 하며 전화를 끊어버렸다. 정운에게 특별히 중요한 정보가 없어 형식적인 지시만 하고 넘어간 것이었다.

반면 영현에게는 구체적으로 서울에 가면 진양 분실로 가서 지시에 따르라는 내용이 하달되었다. 화천에 있는 207보안부대 담당자는 6월 16일 자로 '한영현(B급)이 6.15.-6.21.(7일간) 휴가'라고 존안자료에 기재했다. 참고사항에 '연고지 보안부대에 휴가 중 동향 파악을 의뢰하였음'이라 적고, 참고 사항 아래 손글씨로 '미심사자: 학원접촉'이라고 기재했다. 영현을 정보망으로 이용하기 위해 휴가를 보낸다는 것을 확실히 기록한 것이다.

활용 공작

영현이 고등학교 동창 김인서를 찾아왔다. 인서는 그날이 영현이 입대한 지 한 달이 채 안 되었을 때라고 기억했다. 인서의 기억이 맞다면 훈련소에 있어야 할 영현이 인서 앞에 모습을 드러낸 것이다. 어쩌면 6월 휴가일지도 모르겠다. 인서가 본 영현은 사복을 입었고, 머리칼은 짧았다. 영현은 "야학 동향을 파악해 오라는 지시를 받았는데 어떻게 해야 하는지 잘 모르겠어"라고 말했다. 다짜고짜 내뱉은 말 속에 불안한 내색이 역력했다.

영현은 보통 휴가병처럼 군대 생활 이야기는 없이 "보안대에 갔더니 하두 뺑뺑이를 돌려서 상당히 힘들어." 어렵게 말을 꺼냈다. "잠을 재우지 않아서 죽을 맛이야…." 하소연도 했다. 평소 강렬한 눈빛을 보이던 영현이 기가 꺾인 모습을 처음 보인 날이었다. "괴롭다, 어떻게 해야 할지 모르겠다"라는 말을 반복했다. 영현은 인서에게 매일매일의 활동을 인천지역 보안사 분실인 송학사에 보고해야 한다고 했다. 인서는 머릿속이 복잡해졌지만 아무 말도 보탤 수 없어 안타까울 뿐이었다.

비슷한 기억은 박건욱에게도 있다. 어느날 건욱의 집으로 영현이 찾아왔다. 건욱의 기억도 시점이 정확하지 않다. 둘은 주안역 앞 포장마차에 자리를 잡았다. 영현이 군생활에 대해 말하지 않아서 건욱도 굳이 묻지 않았다. 그는 조금 말라 보였고, 초췌해 보였다. 영현은 그날, 속을 끓이는 불안감을 술로 달래려는 듯 말없이 연거푸 잔을 비웠다. 취하도록 마셨지만 무슨 힘이 남았는지 휘적휘적 사라졌다.

6월 15일 오후 4시경 한양대 경비실에서 근무 중이던 성동서 정보과 이형진 형사를 영현이 찾아왔다. 영현은 "지금 휴가를 나오는 길"이라고 했다. 이형진 형사는 학생회관에 있는 안경점으로 영현을 데려가 안경을 맞추어 주었다. 6월 18일에는 영현이 대학 본관 학원반 사무실로 찾아왔다. 그리고 "보안사 요원이 따라다니며 동행을 하는데, 아저씨! 이것이 무슨 휴가입니까?"라며 하소연했다. 당시 동행한 보안사 요원은 30대 초반으로 보였다. 휴가를 마치고 귀대하는 날에도 인사차 왔는데 그때도 보안사 요원이 같이 있었다. 보안사 요원은 영현의 일거수일투족을 감시하는 듯 보였다.

1983년 6월경, 영현은 이우영의 집에 전화를 걸어 휴가를 나왔다고 했다. 우영은 영현이 알려준 제기동의 한 다방으로 찾아가 영현을 만났다. 영현은 "보안사 직원들이 계속 따라다녀. 신설동에서 그들을 따돌리고 왔어"라며 늦은 이유를 설명했다. 그는 운동탈 동료들의 근황에 대해 물었고, 우영은 현정길이 구속되었으며, 82학번들도 성동경찰서에서 조사를 받았다는 사실을 알려주었다. 그러자 영현은 괴로운 표정으로 이미 다 알고 있다고 말했다.

대화 중 영현은 우영에게 계속 얼굴을 가까이 들이밀었다. 잘 들리지 않는다는 표정이었다. 영현은 보안사에서 조사를 받을 때 눈이 가려진 채 끌려가 3일간 빨간 벽지로 둘러싸인 방에 감금되어 고문을 당했고, 그 후에도 어딘가로 끌려가 조사를 받았다고 털어 놓았다. 영현은 고막이 터져 조사를 받을 때 자신이 무슨 말을 했는지 알지 못한다고 했다. 그리고 후배 한경희로부터 편지를 받고 나서야 자신의 행위 때문에 운동탈이 망가졌다고 생각하게 되었다고 말했다. 영현은 우영에게 더 큰 목적을 위해 학내 상황을 불 수밖에 없었다고 변명처럼 말을 이어갔다.

한영현은 자신 때문에 운동탈이 와해되었다고 생각하는 듯 상당히 자책했다. 우영은 영현에게 "나는 형을 믿으니까 열심히 살아가자"라고 말했다. 헤어질 때 둘은 서로를 부둥켜안았다. 우영도 영현도 팔에 힘이 잔뜩 들어갔다. 짧은 포옹이었지만 긴 여운이 남았다. 한영현은 "건강하게 살아가자"라며 밝은 표정으로 이우영에게 손을 흔들었다.

그즈음, 영현은 연탈 세미나에서 알게 된 서울여대 81학번 김인경에게 전화를 걸어 휴가를 나왔다고 알렸다. 둘은 노량진의 한 작은 레스토랑에서 만나기로 약속했다. 약속시간보다 꽤 늦게 영현이 들어섰다. 그는 들어오자마자 주변을 두리번거리며 경계했고, 조심스레 김인경의 맞은편에 앉았다. "버스를 몇 번이나 갈아타고 왔어. 따라오는 사람이 있을까 봐. 그리고 신경 쓸 게 많아서…"라며 변명처럼 말하는 영현의 목소리는 몹시 지치고 불안해 보였다.

"이번에 특별 포상휴가를 받았다"라는 말로 이야기를 시작한 영현은 이내 얼굴을 굳히고 자신이 겪은 조사의 전말을 털어놓았다. 말하는 속도는 빨랐고 목소리는 불안에 떨렸다. 지금이라도 당장 누군가 들이닥쳐 자신을 다시 연행할지도 모른다는 듯, 그의 눈길은 식당 문을 향해 계속 흔들렸다. 영현은 남산 초입에 있는 한 호텔로 끌려가 일주일 동안 조사를 받았다고 했다. 처음에는 눈이 가려져 어디로 끌려가는지도 몰랐는데, 나중에 알고 보니 그곳이 바로 아스토리아 호텔이었다는 것이다.

영현의 말에 따르면, 이미 보안 당국은 어느 정도 조직도를 그려 놓은 상태에서 자신을 추궁했고, 그는 그들의 밑그림을 확인해 주는 선에서 몇 가지를 진술했을 뿐이라고 했다. 이어 그는 괴로운 표정으로 낮게 읊조렸다.

"이미 어떤 조직의 그림을 다 그려놨더라고…. 아마 크게 한 번 터질 거야. 인경아, 다행히 네 이름은 말하지 않았어."

영현의 입에서 힘없는 한숨 같은 말들이 흘러나왔다.

"이제 부대로 복귀해서 일지 보고를 써야 하는데… 방금 널 만난 일을 숨기려면 그럴듯한 알리바이가 필요하겠어."

영현은 이미 식어버린 커피를 단숨에 들이켜고 서둘러 자리에서 일어섰다. 두 사람이 나눈 대화는 한 시간 남짓에 불과했다.

포상 휴가

평소처럼 일상을 보내고 있던 권영숙에게 갑작스럽게 전화 한 통이 걸려왔다.

"선배, 영현인데… 잠시 볼 수 있을까요?"

수화기 너머로 들려오는 영현의 목소리는 어딘가 몹시 피곤하고 지쳐 있었고, 권영숙은 그 기운이 이상하게 마음에 걸렸다.

약속 시간에 맞춰 권영숙은 영현이 알려준 한 주점에 들어섰다. 정오가 막 지난 시각이었지만 주점 내부는 어둡고 적막했다. 영현은 벌써 와서 기다리고 있었다. 예전보다 야윈 그의 얼굴이 한눈에 들어왔다. 무엇보다도 두 팔 곳곳에 남은 상처 자국과 멍이 눈에 거슬릴 정도로 선명했다. 영숙은 놀란 눈으로 말없이 영현을 바라볼 수밖에 없었다.

"이번에 포상 휴가를 받았어. 사단 체육대회에서 장구를 잘 쳤거든."

잠시 머뭇거리던 영현이 애써 미소 지으며 변죽을 울렸다. 그러나 영현의 입가에 번지는 억지웃음은 그의 온몸에 남은 상처와 도무지 어울리지 않았다.

권영숙은 깊은 한숨을 내쉬며 영현이 말을 꺼내기를 기다렸다. 적막감이 두 사람을 둘러싸고 흘렀다. 마침내 영현이 무겁게 입을 열었다.

"보안부대에서 조사받았어. 날 지켜보는 그 눈들이 얼마나 무섭던지…. 나더러 두 사람 이상의 이름을 대라고 계속 몰아붙였어. 하지만 야학에 대해서는 차마 입을 열 수 없었어. 거기에는 연탈 동료들이랑 선배 같은 분들도 있는데… 내가 어떻게 그 사람들을 팔 수 있겠어."

영현의 목소리가 점점 떨려왔다. "결국 학교에 대해서 아는 만큼 불 수밖에 없었어. 그런데 이게 잘한 일인지, 정말 옳은 선택이었는지 도무지 모르겠어…."

영현은 이내 억눌러 왔던 감정을 한꺼번에 쏟아냈다.

"운동권 동료들이 구속됐다는 후배의 편지를 받았어. 우리 서클도 와해되고…. 그게 다 내 탓인 것 같아. 내가… 내가 그들을 배신해 버린 것 같다고! 너무 괴로워."

그의 두 눈에는 극심한 고통이 서려 있었다. 권영숙의 가슴이 저릿하게 아파왔다. 무엇이라 위로해야 할지 선뜻 떠오르지 않았다.

영현은 눈시울을 붉힌 채 떨리는 목소리로 말을 이었다.

"내가 살아온 이유는 세 가지였어. 첫째는 운동이고, 둘째는 나 자신 그리고 셋째는 영숙 선배였거든. 그런데 이미 첫째도, 둘째도 다 실패해 버린 것 같아. 앞으로는 운동도, 나 자신에 대한 확신도 가질 수 없을 것 같아…."

말을 마친 영현은 영숙의 눈을 지그시 바라보았다.

"이제 내가 마음을 둘 수 있는 건 영숙 선배뿐인데, 이렇게 망가지고 부서져도 선배는 나를 받아줄 수 있어?"

영숙의 마음속에서는 영현에 대한 측은함이 가장 먼저 치밀어 올랐다. 한때 그토록 자신감 넘치고 열정적이던 영현이 이렇게 무너져버리다니…. 영숙은 그 생각에 가슴 한켠이 몹시 아렸다. 그러나 동시에 동정심을 함부로 드러냈다가는 오히려 영현에게 더 큰 상처가 될지 모른다는 판단이 스쳤다. 영숙은 마음을 단단히 다잡고 의도적으로 냉정한 태도를 보이기로 했다.

"나는 그렇게 약해빠진 너를 받아줄 수 없어."

차가운 말이 영숙의 입에서 떨어지자, 영현의 얼굴에는 금세 절망의 빛이 짙어졌다.

"그렇다면 이제 내게 남은 건… 아무것도 없네…. 그냥 죽고 싶다는 마음뿐이야."

영현은 힘없이 중얼거리듯 내뱉었다.

영숙 역시 이렇게 나약한 모습을 보이는 영현이 가슴 아프도록 안쓰러웠다. 그러나 지금 그를 보듬어 버리면 영현이 완전히 주저앉아 버릴 것 같았다. 결국 영숙은 마음을 독하게 먹고 차갑게 말했다.

"네가 정말 그렇게 나약하다면… 부대 들어가서 차라리 죽어버려!"

선배로서 충격 요법을 쓴 말이었다. 그 말이 그에게 마지막 자극이 되기를 바랐다.

영현은 한층 더 깊이 침울해진 얼굴로 고개를 떨궜다. 큰 기대를 품었다가 산산이 부서진 사람의 표정이었다. 사실 영숙 역시 실망스럽기는 마찬가지였다. 결국 그날 두 사람은 아무 말 없이 술잔만 기울였다. 밤 9시 무렵, 취기가 오른 둘은 자리에서 일어섰다.

헤어지기 직전, 영현은 억지로 웃으며 "나… 앞으로 지겨울 정도로 자주 휴가 나올지도 몰라. 다음에 휴가 나오면 다시 만나자." 하고 밝은 척 손을 흔들었다. 영숙은 등을 돌려 터벅터벅 걸어가는 영현의 뒷모습을 한참 동안 바라보았다. 그래도 마지막에나마 그가 애써 웃어 보였으니 다행이라고 스스로를 위로했다. 영숙은 가슴이 아팠지만 선배로서 어쩔 수 없이 모진 말을 해야 했다. 누구에게도 기댈 수 없을 때 그를 지탱하는 힘은 본인에게서 나와야 한다. 지금 상황에서 영현을 구해줄 수 있는 사람은 아무도 없기에, 영숙은 그가 혼자서라도 다시 단단해지기를 바랄 뿐이었다. 설령 그 과정에서 상처를 입게 되더라도.

친구들

1983년 6월 어느날, 희망백화점 앞 계단에 쪼그리고 앉아 있던 박혜영의 앞에 인서, 건욱 그리고 영현이 서 있었다. 영현은 체육대회에서 탈춤을 잘 춰서 포상 휴가를 나왔다며 미소를 지었다. 그러나 혜영의 느낌에 영현의 눈은 웃음이 없어 보였다. 속이 텅 빈 인형 같았다.

"전에는 너와 헤어지기 싫었지만, 오늘은 좀 일찍 가봐야 할 것 같아."

혜영을 집까지 바래다주면서 영현이 말했다. 그의 목소리는 뭔가 조급했다. 말이 허공에 떠 있는 것 같았다. 마음은 몰리는데 아닌 척하는 느낌.

"만날 사람이 있어서, 미안해."

영현은 일주일 휴가를 받는데, 복귀하기 전에 다시 연락하겠다고 약속했지만 연락은 오지 않았다.

 영현의 휴가가 끝나갈 즈음, 그는 고교 동창 박건욱, 김인서와 인천 주안역 근처에서 만나 함께 여관방을 잡았다. 영현은 내일이면 부대로 복귀한다고 말했다. 세 사람은 여관방에서 술을 마시기 시작했다. 처음에는 고등학교 시절의 추억담을 꺼내며 한참을 웃고 떠들었다. 누구에게나 10대 시절은 아름다운 법이다. 어른들 눈에 철없는 아이들이었던 자신들도, 정작 그때에는 이미 어른이 된 줄로 믿었던 시절. 몸과 마음의 간극에서 빚어진 실수담들이 추억거리가 되어 셋은 웃음소리를 높였다.
 밤이 깊어지고 술기운이 어느 정도 올랐다. 영현은 어느새 말수가 줄어들더니 연신 깊은 한숨을 내쉬며 담배만 뻑뻑 피워댔다. 그는 갑자기 바짓단을 걷어 한쪽 발목을 내보였다.
 "여기 긁힌 자국 보이지? 묶여 있을 때 생긴 상처야…."
 군대에서 각종 가혹행위와 괴롭힘을 당하고 있다는 말도 덧붙였다. 영현은 육체적 고통을 떠올리기라도 하듯 몸을 부르르 떨었다. 평소 영현을 누구보다 강인한 사람이라고 믿고 있던 김인서는 친구의 그런 모습에 적잖이 당황했다. 잠시 정적이 흐른 뒤 영현은 어렵게 말을 이었다.
 "나… 학교 선후배들에 대해 프락치 활동을 하라는 강요를 받고 있어. 어떻게 해야 할지 정말 모르겠어…."

인서는 속으로 '보안사 놈들이 영현이를 정말 못살게 굴고 있구나!' 하고 짐작했다. 이미 한영현의 기는 한풀 꺾여 보였다. 그는 '프락치 노릇을 어쩔 수 없이 받아들여야 하나?' 하는 막다른 심정인 듯했다.

침울한 대화가 이어지던 중 영현이 불쑥 한마디를 내뱉었다.
"이게… 너희들과의 마지막 만남이 될지도 모르겠다."
그 말이 떨어지자 방 안에는 잠깐 묵직한 침묵이 흘렀다. 공기는 담배 연기로 잔뜩 흐려져 더욱 답답하고 무거웠다. 이윽고 영현이 화장실에 간 사이, 건욱이 인서에게 낮게 속삭였다.
"영현이가 방금 한 말… 무슨 뜻인지 알겠어?"
인서는 머뭇거리다 작은 소리로 답했다.
"영현이… 아마도 극단적인 선택, 죽음을 택하려는 게 아닐까?"
영현이 돌아오는 기척이 들리자 둘은 그 얘기를 거기서 급히 접었다.

동틀 무렵, 세 사람은 함께 숙소 밖 거리로 나섰다. 밤새 술을 들이켰건만 어느 누구도 취하지 않은 맨정신이었다. 건욱이 영현에게 "이제 곧바로 부대로 들어가는 거야?" 하고 물었다. 영현은 담담한 목소리로 대답했다.
"부대는 아니고… 서울에 가서 그 사람들과 마지막으로 할 얘기가 좀 있어. 오늘은 마지막으로 너희들 얼굴 보려고 온 거야."

영현의 말투에는 망설임이 없었다. 건욱은 영현의 주변을 누군가 계속 감시하고 있는 듯한 꺼림칙한 느낌을 받았다. 이 순간 영현은 속세의 모든 것을 내려놓고 초월해 버린 사람처럼 보이기도 했다. 여관 앞에서 영현은 친구들과 차례로 굳은 악수를 나누며 "그동안 고마웠다"라는 작별 인사를 남기고는 곧바로 어둑한 새벽 거리 속으로 사라졌다. 멀어져 가는 영현의 등 뒤로 "고마웠다"라는 마지막 말이 그림자처럼 길게 늘어져 따라가는 듯했다.

영현을 보내고 얼마 지나지 않아 혜영은 영현의 편지를 받았다. 군사우편이 아닌 하얀색 봉투에 담긴 평범한 편지였지만, 글을 읽을수록 영현의 감정이 절절히 느껴져 힘이 들었다.

"나 때문에 다른 많은 사람이 피해를 보고 있다. 강요에 의한 진술이었지만, 나는 너무나 고통스러워서 죽을 것 같다. 너무나 큰 죄책감으로 죽고 싶다."

혜영의 가슴에 큰 바위 하나가 묵직하게 내려앉았.

혜영은 편지를 통해 영현이 겉으로만 강한 척할 뿐 속으로는 얼마나 깊은 고통과 혼란을 겪고 있는지 짐작할 수 있었다. 군대에서 당한 모진 고문과 프락치 행위를 강요받으며 느꼈을 절망 그리고 그로 인한 엄청난 죄책감이 편지글 사이사이에서 생생하게 느껴졌다. 애처롭고 안타까운 마음에 가슴이 미어지는 동시에, 영현을 지켜주지 못한 데 대한 걱정과 불안이 걷잡을 수 없이 커져만

갔다.

혜영은 "제발 죽지 말고 돌아와. 내가 여기서 널 기다릴게"라고 바로 답장을 써 내려가 봉투에 적힌 주소로 부쳤다. 혜영은 그동안 영현의 상황이 너무 힘겨워 보여 잠시 거리를 두었을 뿐, 마음 속 깊이 여전히 그를 애틋하게 생각하고 있음을 깨달았다. 원래도 독립적인 성격의 그녀였기에 영현의 혼란스러운 길에 쉽게 휘말리지 않으려 했지만, 영현이 한때 스쳐 간 연인이 아니라 깊은 슬픔과 아픔을 함께한 소중한 사람임을 확인했다.

혜영은 편지에 '꼭 살아서 돌아와'라고 적으며 그의 무사 귀환을 간절히 빌었다. 영현이 돌아오기만을 기다리며 그가 온다면 따뜻하게 안아주리라 마음먹었다.

불림

그러면 그렇지 영락 아니면 송락이라

의문사 진상규명 진정서

대통령소속 의문사 진상규명 위원회	행정과장	진정호	담당과	사무국장	위원장
		49	3과		

제1 상임위원 :
제2 상임위원 :

진정인	성 명 (한자)	한	주민등록번호	
	주 소	경기도 양평군 양서면		
	의문사 대상자와의 관계	형		

의문사 대상자	성 명 (한자: 韓英鉉)	한 영 현	주민등록번호	
			군 번	
	직 업	군 인	사 망 일 시	.7.2

피진정인 또는 기관	대한민국/ 국방부/ 기무사령부/ 육군본부/ 7사단/ 성동경찰서

심사와 활용, 프락치 공작

조성원은 1969년 8월 보안대 하사관으로 군 생활을 시작했다. 그의 임무는 군 내부에 잠재된 위협 요소들을 탐지하고 관리하는 것이었다. 그는 국가안보에 기여하고 있다는 확고한 신념 아래 업무를 수행했다. 1973년부터 1983년 초까지 보안사령부 대공처 공작과에서 근무하며 대공 업무의 전문성을 키웠다. 1983년 초 심사과가 창설되자 그는 이곳으로 전출되어 1984년 4월까지 근무했다.

심사과로 발령받았을 당시 조성원은 진양 분실에서 고영준 계장과 함께 날카로운 긴장 속에서 새로운 업무를 시작했다. 이후 과천 분실이 개소하면서 오계석 계장과 협력하여 본격적으로 심사 업무를 이어갔다.

초기의 진양 분실은 심사 장교 없이 하사관들만 근무하는 고요한 곳이었다. 조성원은 최남섭, 박준현, 이정범, 권태호 등과 함께 심사과 업무를 수행하며 분실의 기본적인 운영을 책임졌다. 후에 교육을 마친 심사 장교들이 배치되면서 업무는 본격적인 형태로 확대되었다.

성원의 주요 업무는 강제징집된 학적 특별 변경자들의 배경 조사를 철저히 하는 것이었다. 그는 강집자들의 과거 이력, 학적과 성적 기록, 가족 관계, 출신 고등학교까지 세밀히 확인했다. 또한 고영준 계장의 지시에 따라 동사무소와 치안본부 존안실에서 대상자들의 상세한 인적 사항을 점검했다.

조성원이 최재철 중위와 같은 조가 되었을 때, 심사 대상자 선정은 지도계에서 이루어졌다. 계장이었던 고영준이 지시를 내리면 심사 장교와 함께 조심스럽게 심사 작업을 진행했다. 심사는 보통 일주일 정도 걸렸으며, 대상자들은 소속 부대의 보안부대로부터 인계받았다. 강집자들이 입대할 때, 경찰의 수사자료는 문교부나 보안사령부로 통보되었고, 그 자료를 바탕으로 사령부에서 심사할 대상자와 사단 보안부대에서 심사할 대상자를 선별했다.

조성원은 사령부에서 심사할 대상자 중 학원계, 노조계, 종교계 등의 하부 각계에서 심사할 대상자를 선별했다. 이는 계장 과장들의 회의에서 결정되었다. 단순히 학교 내에서 시위를 주도한 사병은 학원계에서, 종교단체에 가입해 활동한 사병은 종교계에서, 공장에 위장 취업한 사람은 노조계에서 각각 담당하여 심사가 이루어졌다.

강집자들은 주로 월요일 오후 분실에 도착하면 자신의 성장 과정, 대학 활동 사항, 특히 학생운동 참여 경위와 관련 인물에 대해 상세히 적었다. 조성원은 경찰로부터 사전 입수한 자료를 바탕으로 철저히 심문하여 대부분의 진술을 끌어냈다. 이 과정은 며칠에 걸쳐 이루어졌고, 이후 반성문 작성을 통해 최종 보고서를 작성했다. 보고서에는 대상자의 활동 사항과 서클 조직도 등이 상세히 기록되었다.

심사 후 대상자들은 원 소속부대로 돌아갔으며, 조성원은 그들의 부대 생활을 지속적으로 점검했다. 특히 협조적이고 신뢰할 만한 대상자를 선정하여 프락치로 활용했다. 프락치 활동을 하는 대상자에게는 부서에서 제공하는 비용으로 식사와 술을 제공했고, 특별 휴가를 보내 프락치 활동을 지속적으로 독려했다.

한양대생 한영현은 특히 기억에 남는 대상자였다. 조성원은 영현이 뛰어난 지적 능력을 가지고 있었으나 집안 형편으로 인한 어려움 때문에 심리적으로 흔들리는 모습을 목격했다. 하지만 한영현은 활용 공작 기간 중 휴가를 받고도 학교에 거의 나타나지 않아 충분한 정보를 얻는 데 어려움을 겪었고, 결국 최소한의 정보로 어렵게 보고서를 작성하여 복귀시켰다고 회상했다. 조성원은 207보안부대에서 한영현을 심사했다는 조용천 심사 장교의 진술이 잘못된 기억으로, 한영현의 경우 본인이 분명히 특별 휴가를 내서 사령부에서 직접 심사를 했다고 진술했다.

조성원은 심사과 업무의 목적을 군 내부 및 대학 사회의 안정을 유지하는 것으로 보았다. 특히 학생운동의 중심인 지하 서클의 계획과 활동을 사전에 탐지하는 게 주 임무다. 이는 상부의 지시에 따라 수행된 업무였다. 때로는 협조적이지 않은 대상자들에게 폭력과 가혹행위가 있었음을 인정했다.

1983년 6월 조성원은 과천 분실로 옮긴 후에도 진양 분실 업무를 병행했지만, 이후 한영현을 추가로 활용한 기록은 없다고 말했다.

최옥희는 보안사령부 소속 군무원으로, 매일 아침 고영준 계장으로부터 구체적인 업무 지시를 받고 하루를 시작했다. 그녀는 이화여대, 숙명여대, 서울여대 등 서울 지역 여자 대학을 중심으로 망원을 관리하며 첩보 활동을 수행했다. 그녀의 업무는 학생들의 불순 활동 여부와 집회·시위 계획을 미리 파악하여 보고서를 작성하고 수배자 검거 작업에도 직접 참여하는 것이었다.

최옥희는 개인적 인맥을 활용하여 각 대학 내 망원을 구축하고 정보를 수집했다. 각 대학별로 3~4명씩, 총 20명 정도의 망원을 관리했다. 당시 그녀의 봉급은 20만 원 정도였지만, 한 달에 50만 원 정도의 정보비를 받아 사용했다. 최옥희는, 망원을 2~3회 접촉하여 어느 정도 인간관계를 형성했다고 생각되면 조용히 이야기를 나누기 위해 진양 분실로 데리고 갔다고 말했다.

그녀는 한영현의 이름을 기억하고 있었으며, 최남섭과 조성원이 한영현을 활용했다고 확인했다. 자신 역시 한영현을 만났던 기억이 있지만 정확한 만남의 목적에 대해서는 기억나지 않는다고 진술했다.

제7과장
미얄춤

귀대

    6월 21일 오후, 휴가를 마치고 귀대하는 길에 김정운과 한영현은 같은 버스를 탔다. 그날의 영현은 평소와는 다른 모습이었다. 버스에 앉아 정운은 영현을 바라보았다. 영현의 눈빛은 불안하게 흔들리고 있었다. 영현이 입을 열었다.

    "휴가를 갔더니 친구들이 다 없어졌어. 나 때문인 것 같아. 내가 많이 불었거든."

    떨리는 목소리였다.

    정운은 영현을 진정시키려 했다.

    "아니, 너는 그런 얘기를 막 하냐? 설마 너 때문에 다 들어갔겠냐?"

    그러나 영현은 그의 말을 무시하고 말을 이었다.

    "처음에 갔더니 엄청나게 공포 분위기를 만들었어. 보안대에서,

무서워서, 얘기를 하다 보니 어쩔 수 없이 말렸고, 많이 불었어. 그런데 휴가를 갔더니 다 없어졌더라. 나 때문에. 그래서 학교에서도 나를 오해하는 것 같아."

영현의 눈빛은 고정되어 있지 않았다. 그는 마치 쫓기는 사람 같았다. 정운은 영현을 안심시키려 했지만 잘 되지 않았다.

영현의 복귀 이후, 207보안부대에서 작성한 영현의 특수학변자 신상카드에는 다음과 같은 활용 결과가 심사 장교의 이름으로 기재되었다.

> 83.6.16.-6.22.간 동 서클의 현존 여부 등 파악코자 본명을 활용한 바, 오인방 중 ****을 제외한 4명이 군입대 또는 성동서에 연행 조사를 받아 현재 오인방 조직의 잔류 인원은 10명(81학번 4명, 82학번 6명)으로 표면상으로는 해체하였으나 교내 각 서클에 침투 활동 중에 있으며, 동 서클은 서울대 제적생 연성수(29. 민청련 상임위원) 주도 하 재경 13개 대학 '탈반' 핵심회원 70여 명을 규합 조직한 '연합탈'과 연계 활동하고 있다는 외 동교 문제 서클 및 문제 학생 동향을 제보한 바 있음.

이 내용은 1983년 6월 초 한양대 학내 운동팀의 흐름을 정확히 파악한 것으로, 영현을 휴가에서 활용한 목적을 보여준다. 보안사는 연탈을 각 대학 운동권과 연계하여 하나의 그림으로 그리고자 했었던 것으로 보인다.

귀대한 영현은 중대장 면담을 신청했다. 의가사제대 여부를 문의했다. 애초부터 징집 대상이 아니었던 영현이지만, 짧은 휴가를 통해 심한 내적 동요를 겪었다. 영현이 권영숙에게 '앞으로 지겨울 정도로 휴가를 많이 나올 수 있다'라는 말을 남긴 것처럼, 영현이 군대에 머물러 있는 동안 보안사는 필요할 때마다 영현을 활용하여 프락치 공작을 진행할 것이다.

영현은 한숨이 나왔다. 군대에서 벗어나는 길을 생각해 보았다. 중대장과의 면담도 그런 차원이었다. 영현은 자신의 가정 형편을 설명했다. 아버지는 교도소에, 어머니는 돌아가셨으니 부모님 두 분 다 없는 상태이며 장남인 큰 형은 안타까운 장애를 가지고 있다고 했다.

영현이 처한 상황은 중대장도 알고 있었다. 그러나 강집 대상자의 의가사제대는 그의 결정 범위 밖이었다. 중대장은 에둘러 알아보겠다고 대답하며 면담을 끝마쳤다. 지푸라기라도 잡고 싶은 영현이었지만, 돌아 나오면서 의가사제대는 불가할 거라는 느낌을 강하게 받았다. 늪이라고 해야 할까, 수렁이라고 해야 할까. 영현이 빠져나갈 곳은 어디에도 없어 보였다. 잠 못 들고 생각이 많아졌다.

6월 26일, 최재관은 누가 찾는다는 소대원의 이야기에 밖으로 나왔다. 내무반 밖에 휴가에서 복귀한 영현이 서 있었다. 한눈에 보아도 초조하고 어쩔 줄 몰라 하는 모습이었다. 영현은 깊은 한숨을 쉬며 말했다,

"휴가 때 사단 보안대를 지나오면서 건국대 선배를 만났어요. 서울에 도착해서 서울여대 선배를 만나 이야기를 나누는데, 그 선배가 내가 보안사에 들어가는 걸 봤다고 하더라고요. 그러면서 '너 얼마나 불었니?'라고 묻는데 정말 당황했어요."

재관도 영현이 아주 곤란한 상황에 몰렸겠다고 판단했다. 영현은 이어지는 어떤 이야기를 하고 싶어하는 눈치였는데. 대화는 계속되지 못했다.

일병에 불과한 재관은 다음날 대대 진지투입훈련이 있어 선임자들이 우글거리는 내무반으로 빨리 돌아가야 했다. 재관은 영현에게 "그래, 힘들었겠구나. 내일부터 훈련이라서 이제 들어가봐야 하니까, 나중에 훈련 끝나고 나서 이야기하자"라며 영현의 어깨를 가볍게 두드리고 내무반으로 돌아갔다.

1983년 6월 27일, 사단 대대 방어훈련이 시작되었다. 영현의 분대도 바빠졌다. 어느 날 분대장 임길순은 한영현이 훈련 중 사방거리 근처에서 먼 산을 바라보는 것을 보았다. 무언가 훌훌 털어버린 느낌이었다. 처연하다고 할까. 지켜보는 임길순도 평소와

다른 영현의 모습이라서 멈칫했다.

　임길순은 '저 자식 빠져가지고 안 되겠네' 생각하며 한마디 했다.

"야! 너 뭐 하냐?"

　영현은 그 말을 듣고 정신을 차린 듯 서둘러 분대에 복귀했다.

푸르던 청춘

 1983년 7월 1일 금요일, 쏟아지는 비를 맞으며 한영현이 속한 분대는 1대대 최종 방어지역으로 이동했다. 그곳에 지붕이 있는 참호가 세 개 있어서, 참호마다 3~4명씩 분대원이 나누어 들어갔다. 영현은 분대장 임길순과 함께 가운데 참호에서 경계근무를 했다. 대대 거점 방어훈련이 막바지에 접어들었다. 대항군이 있다고 상정하고 훈련이 진행되었기 때문에 잘 수가 없었다. 그러나 훈련에 익숙한 고참들은 눈치껏 졸았다.
 분대장 임길순은 따로 M16 소총 실탄 15발짜리 탄창 두 개, 30발을 받아 허리 탄입대에 넣고 보관했다. 점심을 먹다가 우연히 탄창이 눈에 들어왔다. 실탄 2발이 부족하다는 것을 알아차렸다. 실탄의 방향이 같은 방향이었기 때문에 처음 받을 때 잘못 받았을 수도 있겠다는 생각이 들었다. 허리띠를 풀어놓은 일은 없었지만,

훈련 중 피곤하게 잠을 잘 때 누가 실탄을 가져갈 수도 있었다. 훈련 중이라 실탄을 찾기 위해 집합을 걸어 소지품을 뒤질 수도 없었고, 혹 누가 가져갔더라도 탄피를 빼서 목걸이를 만들려고 하는 정도로 생각했다.

가까이 있는 분대원들에게 실탄이 없어졌다고 말했다. 누가 가져갔으면 빨리 원위치하라고 엄포를 놓았다.

'언놈인지, 복귀하면 한바탕 찐하게 굴려야겠구먼.'

임길순은 대수롭지 않게 넘어갔다.

다음날인 7월 2일 토요일 아침 일찍, 훈련 종료 신호가 떨어졌다. 이틀 동안 비가 억수로 쏟아지고 연무가 짙게 끼었다. 사계 청소를 할 수 없어, 가운데 참호 옆에 대형 텐트를 치고 그 안에 분대원 모두 들어갔다. 철수 신호가 떨어지지 않아 중대 막사에서 아침식사를 가져와 먹었다.

말년 병장 박경희와 남상웅은 제일 멀리 떨어진 참호에 있었다. 당시 텐트가 비좁아서 밥 먹으라는 말을 듣고 오다가 총과 군장을 텐트에 가까운 낙엽이 많은 참호에 놓고 왔다. 나머지 분대원의 총은 텐트 내에 쌓아 두었다.

아침밥을 먹고 할 일이 없어진 분대원들은 텐트 안에서 일부 졸기도 하고 서로 잡담을 했다. 이승호 병장이 "야~ 막내야, 노래 일발 장전!" 하고 무료한 시간을 떨쳐보려는 듯 영현을 지목했다. 잠깐 머뭇거리던 영현이 '청춘' 노래를 불렀다.

언젠가 가겠지. 푸르른 이 청춘, 피고 또 지는 꽃잎처럼,
달 밝은 밤이면 창가에 흐르는 내 젊은 영가가 구슬퍼
가고 없는 날들을 잡으려 잡으려 빈 손짓에 슬퍼지면
차라리 보내야지 돌아서야지 그렇게 세월은 가는 거야

언젠간 가겠지 푸르른 이 청춘 지고 또 피는 꽃잎처럼
달 밝은 밤이면 창가에 흐르는 내 젊은 영가가 구슬퍼

가고 없는 날들을 잡으려 잡으려 빈 손짓에 슬퍼지면
차라리 보내야지 돌아서야지 그렇게 세월은 가는 거야

날 두고 간 님은 용서하겠지만 날 버리고 가는 세월이야
정 둘 곳 없어라 허전한 마음은 정답던 옛 동산 찾는가

"야이 씨~. 비도 오는데 청승맞은 노래를 부르고 있어. 그만 불러."
1절이 채 끝나기 전 이승호가 영현의 노래를 중단시켰다.
"야, 옆에서 잠 좀 자고 있을 거니까. 훈련 종료 상황 되면 알려라."
이승호는 천막에서 나와 약 10m 떨어진 옆 참호로 갔는데, 낙엽이 많이 쌓여 있고 보기에도 지저분해서 누울 수 없었다. 이승

호는 다시 30m 정도 떨어진 참호로 가서 잠이 들었다.

텐트 안에서 무료해진 분대장 임길순이 라이터를 켰다 껐다 하며 장난을 하고 있었는데, 영현이 화장실을 가고 싶다고 말을 걸었다.

"야~ 비 오는데 어딜 간다고? 참아~ 새꺄!"

임길순이 허락하지 않았다.

한참을 앉아 있던 영현이 못 참겠다며 다시 일어나 임길순에게 다가왔다.

"분대장님, 잠깐 일 보러 갈 테니 라이터 좀 주세요"

'짜식, 어지간히 급했나 보다.'

막을 수 없다고 생각한 임길순은 라이터를 건네주었다. 영현이 받아 들고 나갔다.

'탕!'

영현이 나간 지 10분이 채 되지 않아서, 총성이 크게 들렸다.

임길순은 직감적으로 무슨 사고가 났다는 생각이 들어 제일 먼저 텐트 밖으로 뛰어나갔다. 텐트 주변에 아무 이상이 없어 가까운 참호로 뛰어 들어갔다. 참호는 상당히 좁고 낙엽이 많았다.

임길순이 참호 벽면에 비스듬히 기대앉은 영현을 발견하고 뛰어가서 얼굴을 잡았는데. 짚단같이 가벼웠다. 머리 뒤가 하나도 없이 터져있었다. 갑자기 화약 냄새와 피비린내가 훅 끼쳐왔다.

임길순의 비명 같은 외침 소리를 듣고 놀란 분대원들이 한두 명씩 참호로 몰려들었다. 영현의 옆에 총이 떨어져 있었고. 총안구 위에 중간 정도 피운 담배가 불이 붙은 채 놓여 있었다. 담배 연기가 사람들 기척으로 끊어져 흔들렸다.

분대원들이 허둥거리는 동안에도 참호 주변은 짙은 안개가 가득했고, 장맛비가 억수같이 쏟아지고 있었다. 참호 지붕 위로 후드득 빗물 떨어지는 소리가 요란했다.

그다음 이야기

최재관은 대대 진지투입 훈련기간에 자주 비가 내려 우울했다. 좁은 참호 속에서 잠을 자고 지내는 것이 불편했다. 진지투입 훈련이 끝나는 7월 2일 토요일, 재관이 보기에 왠지 훈련 종료 상황 전파가 이상하게 전달되는 느낌이었다.

부대로 복귀하던 재관이 마주친 것은 대대 영내로 들어서는 지프차였다. 왠지 번호가 보안대 차량이라는 느낌이 들었다. 그 순간 '영현이에게 무슨 일이 있구나?' 직감이 들었다. 내무반에 들어서자 같은 소대 김 병장이 최재관에게 "너, 안 됐다!" 밑도 끝도 없는 한마디를 던졌다. 재관은 내색은 하지 못했지만, 한숨이 나왔다. 훈련 전날 찾아왔던 영현의 말을 끝까지 들어주지 못한 것이 가슴에 걸렸.

김정운은 영현이 자살했다는 소식을 당일 점심 무렵 행정반 고참으로부터 들었다.

"넌 딴생각하지 마 인마!"라며 고참은 한마디를 보탰다. 정운은 마음이 무겁게 내려앉았다.

'이 친구가 자기 때문에 붙들려간 친구들에 대한 가책 때문에 자살한 모양이구나.'

정운은 며칠 전 휴가에서 돌아올 때 영현과 나눈 대화가 떠올랐다. 그때 어떻게든 영현의 마음을 다독이지 못했던 것이 후회로 남았다.

신병훈련소의 같은 소대에 있었던 최호정은 1주일 뒤 영현의 소식을 들었다. 믿기지 않았다. '보안사와 관련한 타살이 아닐까?' 혼자 추측했다. 호정은 지금도 절대로 영현이 자살할 성격은 아니었다고 기억하고 있다.

이문범은 7월 중순, 영현의 사망 소식을 들었다. 여름 더위가 한창이었던 그날, 한마당을 올라가던 문범에게 우연히 마주친 박유순 선배가 짧게 그러나 나지막이 속삭였다.

"탈반 영현이가 휴가에서 복귀하자마자 자살했다고 하네…."

그의 말은 한 마디 한 마디 또박또박 귀에 들렸지만, 의미가 이해되지 않았다. 아주 짧은 순간, 세상의 모든 소리가 사라진 듯했다. 다시 주변의 소음이 퍼뜩 들려올 때까지도 그 말은 귀에서 맴돌 뿐 문범의 마음에 닿지 못했다. 그럴 리가 없다는 반발이 먼저 튀어나왔다. 공식적으로 만날 수 없었지만, 그와는 심정적으로 아주 가까운 동지였다.

　영현은 항상 밝고 긍정적인 성격이었으므로, 문범은 그저 잘못된 소식일 거라고 기대했다. 하지만 말을 전해 준 선배는 진지했다. 그는 영현이가 군대에서 의문사했으며 자살로 처리됐다는 소식을 전했다. 문범은 영현이의 죽음을 믿고 싶지 않았다. 하지만 부정하지도 못했다. 의문사든 자살이든 영현이 죽었다는 사실만은 분명한 현실이었다. 그리고 한 달이 흐른 8월 18일, 문범도 성동서 정보과 형사들에 의해 강제 연행되었고, 다음날 다른 학교 학생들과 함께 동대문서에서 닭장차에 실려 춘천 103보충대로 보내졌다. 문범도 강제징집의 대상이 되어 불과 서너 달 전 한영현이 갔던 그 길을 따라간 것이다.

　닭장차 안은 좁고 답답했다. 여름이 지나가며 마지막 더위가 기승을 부렸다. 그러나 후텁지근한 내부 공기도 강제로 군대로 끌려가는 젊은 학생들 마음속 침울함을 이기지 못했다. 우울한 침묵의 시간을 깨려는 듯, 보충대까지 동행했던 성동서 이형진 형사는 문범의 질문에 한영현의 죽음을 재차 확인해 주었다. 문범은 창밖을 내다보며 생각에 잠겼다. 아니 멍한 느낌이었다는 것이 정확한 표현일 것이다. 영현이가 죽었다는 사실이 여전히 믿기지 않았다. 그리고 조만간 자기 앞에 닥칠 공포스러운 순간을 떠올려봤다.

문범은 제대하고 사회운동을 하면서, 영현의 죽음의 진실을 추적하기 시작했다. 문범은 영현의 죽음과 관련된 사람들을 만나고, 정부 기관에 자료를 요청하고 수집했다. 문범은 지금까지도 강제징집녹화선도공작 진상규명위원회에 참여하여 활동하고 있다.

영현의 탈반 선배 박상대는 1981년에 입대하여 양평 20사단에서 근무하던 1983년 초에 사단 보안부대에 불려갔다. 한두 시간 정도 한양대에서 어떤 서클 활동을 하였는지 등에 대해 간단히 조사를 받았다. 제대를 한 달 앞둔 1983년 8월, 상대는 사단 보안부대로 다시 끌려갔다. 지프차로 종로 보안사령부 후문으로 와서 차를 바꿔 탔다. 남태령을 넘어 과천으로 갈 때, 사당동쯤에서 보안사 요원들이 안대로 눈을 가렸다.

상대가 도착한 곳은 보안사 과천 분실이었다. 약 10일 정도 조사를 받았다. 처음 2일 정도는 부사관이 "여기서 죽어 나간 놈 많다, 여기서 죽어도 사고사 처리된다"라며 살벌한 분위기를 조성하면서 한양대 탈반과 연탈에 대해 쓰라고 하였고, 3일째부터는 심사 장교 유준남이 와서 조사를 하였다. 이미 다른 사람을 통해 충분히 조사가 되어 더 진술할 내용이 없을 정도였다. 심지어 술자리에서 말한 것까지 다 기록이 되어 있어 그걸 보고 거꾸로 생각이 나는 것도 많을 정도였다.

박상대에게 집중된 질문은, 연탈에 좌익세력이나 용공세력이 침투하여 조종한 것이 아니냐며 그 부분을 시인하라는 것이었다. 연탈에서 활동하던 서울대 75학번 연성수와 누군지 모르는 이은재라는 이름이 적힌 조직도를 보여주었는데, 하부 조직으로 연탈이 그려져 있었다. 칠판 크기의 조직표에는 연탈 대부분이 학번별로 그려져 있었다.

잔머리를 잘 굴린다고 '배나온 여우'라는 별명으로 알려진 박상대는 보안사 조사에서도 특유의 전략적 사고를 가동해 돌파했다. 박상대는 연성수에 대해서만 어느 정도 아는 내용을 말했다. 모르는 사람의 활동은 철저하게 말하지 않거나 극구 부인하였으며 그 사람들의 지휘로 연탈이 움직이는 것은 아니라고 진술하였다.

열흘간 조사를 마치고 부대로 복귀하는 도중, 보안사령부에서 어떤 소령이 박상대를 불러 세웠다. 그는 다짜고짜 "한영현이 죽은 거 알아? 한영현이 너 때문에 죽은 거야, 인마" 하고 호통을 쳤다. 박상대가 영현을 의식화시킨 탓에 죽었다는 말로 몰아가려는 것이었다. 박상대는 그 말을 듣고 영현의 죽음을 알게 되었다. 너무나 놀랐고 지금까지 그 말을 들었을 때의 고통을 잊지 못한다. 보안사는 연탈을 어떻게든 조직 사건으로 몰아가려 했으나, 그 모든 시도는 무위로 돌아갔다.

혜영은 영현의 편지에 답장을 보낸 후, 일주일이 지났을 때, 군대에서 보낸 전보를 받았다. 짧은 내용이었다.

"한영현 사망 가족에게 연락 바람."

몇 번을 다시 읽어봐도 힘이 풀렸다. 처음엔 눈앞이 캄캄해지다가 누구에게 향하는지 모를 욕이 나올 것도 같았다. 사실이 아니기를 확인하기 위해 전보의 발신인을 몇 번씩 확인도 해보았다. 머리가 어지러웠지만 영현의 가족에게 전달해야만 했다. 가족도 있고 집 주소도 있었을 텐데, 사망 전보를 제일 먼저 받아 가족에게 알리는 일이 왜 하필 혜영에게 전달되었는지 지금도 이해할 수 없다.

훗날, 의문사진상조사위 조사관이 혜영에게 물었다.

"진술인은 한영현 추모제에 가거나 영현의 가족들을 찾아갑니까?"

"…절대 아닙니다."

짧게 혜영이 답했다.

"왜 그렇습니까?"

의아하다는 듯 조사관이 질문했다.

"영현이 용서가 되지 않습니다. 자살이든 타살이든, 그가 죽었다는 사실이 원망으로 남았습니다."

20년 가까운 세월이 흐른 2001년 3월 9일, 대답하는 혜영의 말투에는 여전히 진득한 미움의 감정이 남아 있었다.

독재정권은 훗날 하나의 상징이 될 것이 두려워 민주화운동 관련 희생자들의 무덤조차 만들지 못하도록 종용했다. 당숙이 앞장서서 주장했고, 가족들은 마지못해 동의했다. 영현의 주검은 이틀 뒤 화장되어 화장장 근처 야산에 뿌려졌다.

불림

월락오제상만천 (月落烏啼霜滿天)
달 지고 까마귀 울어대는데 하늘엔 서리가 가득 내린다

기러기

한고개 넘어 또 너머로 보인다
한 조각 구름 속에 잠긴 둥근 달
그 파리한 달빛에 어린 밤의 적막이
드높이 자란 갈대 밭에 드리우는데
기러기 한 떼 줄지어 난다
처량히 울며 줄지어 난다
그 슬픈 추억 지닌채 저 산너머로
기러기 떼 줄지어 난다

한 포기 풀이 바람에 흩날리듯
한 줄기 재가 바람에 흩날리듯
수 많은 목숨 앗아버린 총탄자욱
이산 허리를 수 놓아둔채 말이 없는데
기러기 한 떼 줄지어 난다.
처량히 울며 줄지어 난다
그 슬픈 추억 지닌채 저 산너머로
기러기 떼 줄지어 난다
그 슬픈 추억 지닌채 저 산너머로
기러기 떼 줄지어 난다

영현 형에 대한 40주년 추모글

동생 한웅현이 가족 인사를 대신하여 형에 대한 그리움을 올립니다.

형에게.
40년이 지났습니다.
40년이 지나도 당신을 생각하면 아리고 저린 가슴이 되어 넋을 잃습니다.
당신을 생각하면 아무것도 손에 잡히지 않아 도망 다녔습니다.
이제 세월이 많이 흘러 정신 차리고 이야기할 수 있을 거 같습니다.

반쯤도 못 살다간 나의 형에게.
40년 전 그날이 아직도 생각납니다.
휴가를 나온, 죽기 1주일 전 그날.
종로의 한 주점에서 기러기를 목 놓아 두 번이나 부르던 그날.
더 따뜻하게 안아주어야 했는데 차갑게 대했던 것이 아직도 마음에 걸립니다.
형만 생각하면 그날이 생각납니다.

그날로 돌아간다면 하고 싶은 이야기가 너무 많지만,
이 한마디만은 꼭 해주고 싶습니다.

당신의 잘못이 아니라고. 그 자리에 누가 있어도 그렇게 될 일이
었다고,
　당신의 잘못이 아니었다고, 탈반에 가입한 것도, 야학을 한 것도,
군대에 끌려간 것도, 고문을 못 이긴 것도, 프락치를 한 것도
스물두 살 당신의 잘못이 아니라고,
그 자리에 누가 있어도 그렇게 될 일이었다고,
당신이 이겨낼 일이 아니었다고,
죽을 만큼 부끄러운 일이 아니었다고.
더 이상 부끄러워도 자책하지도 말고,
할 일을 못 했다고 아쉬워하지도 말고
이제 편히 쉬세요.
남은 사람들의 몫은 남은 사람들이 할 거예요.
2년 전에야 겨우 안식처를 얻었어요.
진작 챙겨야 했는데 형만 생각하면 정신을 못 차리게 슬퍼서
도망 다니다
　여러분의 도움으로 안식처를 얻었습니다.
　한양대 민주동문들, 우리 형과 같이 강집되어 생사를 넘나들었던
강집자 여러분,
　유가협 여러분, 추모연대 여러분,
　그리고 도와주신 모든 단체 분들께 깊은 감사를 드립니다.

　이곳에서 평안히 쉬시기를 바랍니다.
　사랑하는 동생

한웅현

강제징집 녹화사업 철폐운동과 진상규명

한영현이 죽기 전인 1982년 7월 연세대 정성희, 1983년 5월 성균관대 이윤성, 6월 고려대 김두황이 죽었다. 한영현이 죽은 한 달 후인 8월 동국대 최온순, 12월 서울대 한희철이 강제징집, 녹화사업으로 죽었다. 그간 독재정권에 죽음으로 항거하였던 경우는 있었지만, 짧은 기간에 6명이 희생한 경우는 드물었다.

그들이 추구했던 것은, 광주학살 진상규명과 원흉 처벌 그리고 민주화와 민중이 주인 되는 세상이었을 것이다. 그리고 그들이 지키고자 했던 것은 그들이 활동했던 조직과 선배, 동료, 후배였을 것이다. 그들은 민중이 주인이 되는 세상과, 그것을 함께 만들고자 했던 동지들을 끝까지 지키고자 했을 것이다. 그리고 그것이 한계에 도달했을 때, 가장 적극적인 저항으로써 죽음을 선택한 경우도 있었을 것이다.

1983년 12월 21일 대학자율화조치의 일환으로, 학생운동으로 구속 또는 제적된 학생의 복교 조치가 발표되었다. 그러자 대학별로 복학대책위원회가 구성되었다. 이들은 구체적인 강집 실태와 군에서의 비인간적인 취급, 소위 녹화사업, 정보제공 강요, 관제 프락치공작을 성토하였고, 이 과정에서 의문의 죽음을 당한 학생들의 사인에 대한 진상규명을 요구하였다.

    이러한 모임은 서로 연대하여 공동 행동을 모색하였다. 그리고 1984년 2월 20일 기독교회관에서 한국기독학생회총연맹, 한국기독청년협의회의 공동 주최로 '진정한 복교를 위한 공개 간담회'를 개최하려고 했다. 경찰의 원천 봉쇄로 간담회가 무산되자 제적 학생 140여 명은 기독교회관 2층에서 '강집 철폐'와 의문의 죽음을 당한 이들의 사인(死因) 진상규명을 관계당국에 요구하기 시작했다. 한편, 다른 종교단체와 사회단체들도 사인 진상조사위원회의 구성 및 합동 추모식을 거행할 것을 호소하며 철야농성을 하였다.

    이러한 제적생의 호소에 부응하여 한국기독교장로회청년회전국연합회는 '한국은 제2의 아르헨티나가 되어서는 안 됩니다란 호소문을 접한 기독청년이 교회에 바치는 글'이란 성명을 종교단체로서는 처음으로 발표하였다. 3월 8일 기독교회관 2층 예배실에서 '제적생과 해직근로자를 위한 기도회'가 열렸는데, 바로 여기에서 한국기독교교회협의회 인권위원회는 '인권소식'을 통해 6명의 사망 학생 명단을 발표하고, 이들의 죽음에 대한 충격을 토로했다.

그리고 이날, 제적생들로부터 제보를 받은 민한당의 김병오 의원은 국회 본회의 석상에서 '성균관대 이윤성 등의 불법 입영 조치 여부, 강제징집 여부, 입영된 6명의 사망 여부, 속칭 녹화사업 및 관제프락치공작훈련의 사실 여부'를 질의하였다. 이에 대해 권이혁 문교부장관은 "5.17 이후 데모와 관련 군에 입대한 학생은 모두 465명"이라고 답변하였다.

이와 같이 강제징집과 녹화사업이 사회문제화하자 한국기독학생회총연맹, 대한가톨릭학생전국협의회, 민주화운동청년연합, 한국기독청년협의회, 명동천주교회청년단체협의회 도합 5개 단체에서 강제징집과 녹화사업에 대한 조사를 공동으로 실시하여 '강제징집문제 공동조사보고서'를 발표하였다. 이 보고서는 강제징집의 근거가 된 지도휴학의 문제점, 강제징집의 실태와 유형, 강제징집자들이 당하는 부당한 처우에 대하여 구체적으로 알렸다. 이어서 강집된 후 사망한 6인에 대한 군 발표 내용의 문제점을 지적하였다. 마지막에는 '6명의 사인에 대해 명확히 규명할 것', '지도휴학제 철폐', '강제징집과 불법적 부당처우 즉각 중지', '연행 후 석방 학생에 대한 징집 기도 철회'를 요구하였다.

이러한 복대위와 종교단체 및 사회단체의 문제 제기와 진상조사 요구, 김병오 의원의 국회본회의 질의 내용은 대학가에 큰 충격을 안겨 주었다. 특히 군에서 사망한 6인에 대한 진상규명은 학도호국단 철폐와 총학생회 부활 이슈와 함께 학생운동을 활성화시키는 중요 동력이 되었다.

1984년 5월 4일, 고려대에 5,000명이 모여 6개 대학 강집희생자 합동위령제를 거행하였다. 이날 이곳에서 강제징집 철폐, 지도휴학제 철폐를 요구하는 철야농성이 바로 이어졌다.

하지만, 전두환 정권은 철저하게 부인하였다. 1984년 6월 11일 국회 본회의에서 윤성민 국방부장관은 '문제학생들의 징집은 강제징집이 아니라 본인의 지원 의사에 따라 조기 입영 조치된 것'이라고 답변했다. 강제징집이 합법적이라고 주장하면서 녹화사업을 은폐하려 하였다.

6월 12일 강제징집문제조사위원회는 '강제징집과 녹화사업의 진상은 규명되어야 한다'라고 주장하면서, '여섯 학생의 죽음의 근본적 원인인 강제징집과 녹화사업을 즉각 중단하고, 관련된 책임자 처벌'과 함께 윤성민 국방장관의 자진사퇴도 촉구하였다.

학생·종교·사회 단체, 야당 등 민주화 세력의 강력한 저항에 직면한 전두환 정권은 강제징집을 비공식적으로는 1984년 4월, 공식적으로는 1984년 11월에 폐지하였다. 뒤이어 녹화사업은 1984년 9월 보안사 심사과 폐지를 결정하고 나서 1984년 12월 19일 완전 폐지하였다. 이후 보안사의 직접적인 사상개조는 자대의 부대장이 자체 진행하는 '선도공작'으로 전환하면서 그 강도가 이전보다 완화되었다.

비록 강제징집과 녹화사업은 폐지되었지만, 이에 대한 진상규명 요구는 멈추지 않았다. 특히 강제징집과 녹화사업의 실태 그리고 군내 의문사의 진실을 밝히려는 목소리는 꾸준히 이어졌다. 1988년, 제5공화국 비리조사특위 활동 과정에서 국회의 요구에 따라 국방부가 제출한 자료에 따르면, 전체 강제징집자는 447명에 달하며, 이 가운데 265명에게 녹화사업이 시행되었다. 이와 함께 6명의 열사에 관한 일부 자료도 공개되었다. 그러나 전두환 정권의 각종 비리 문제가 사회적 이슈로 부상하면서, 진상규명 작업은 근본적인 한계에 부딪혔다.

진상규명은 문민정부인 김대중 정권이 되어서야 어느 정도 진전을 이룰 수 있었다. 2000년 10월 출범한 의문사진상규명위원회는 대한민국 정부 수립 이후 국가에 의한 인권유린을 규명하기 위한 최초의 기구로서 역사적 의의가 있었다. 이를 통해 강제징집과 녹화사업으로 죽은 사람들에 대한 진상규명도 일부는 이루어졌다. 그러나 의문사에 관한 정보와 자료를 쥐고 있는 쪽이 국가정보원, 검찰, 경찰, 국군기무사령부 등이었기 때문에 수사권이 없었던 위원회의 한계는 명백했다.

참여정부인 노무현 정권 시기에는 좀 더 진전이 이루어졌다. 과거사 진상규명의 일환으로 진행된 국방부 과거사진상규명위원회(2005년 5월 발족)는 기무사의 자료를 직접 조사하여 보안사의 강제징집 및 녹화사업의 기본계획, 녹화사업 개인별 심사자료와 면담조사 문서들을 볼 수 있었다. 이 자료들로부터 1980년부터 1984년까지 강제징집자가 1,152명이고 이 중 921명에게 녹화사업을 실시하였으며, 강집자 외에 정상 입대자 중 271명에게도 녹화사업을 실시한 것이 드러났다. 즉 문서상으로도 총 1,192명을 녹화사업 대상자로 활용한 것으로 조사되었다. 그리고 1984년 심사과 폐지 이후에는 강제징집자 중 녹화사업 미실시자 231명을 선도공작으로 넘겨 강집자가 속한 부대장이 선도작업을 시행한 것으로 조사되었다. 이 조사에 따르면, 1984년 문교부장관과 국방부장관의 국회 답변을 비롯하여 1988년 5공 청문회의 국방부 발표를 모두 비교해 보아도, 강제징집자와 녹화사업의 대상자 수가 대폭 늘어난 것을 알 수 있다.

그리고 녹화사업의 체계가 구체적으로 밝혀졌다. 녹화사업은 '좌경오염 방지'라는 명목하에 학생운동 활동사항과 조직체계 등을 조사하고 개인별로 '심사(審査)'해서 대상자의 생각과 이념을 바꾸도록 하는 '순화(純化)' 업무를 진행하였으며, '순화'된 것으로 판단되는 병사들에게 출신 대학교의 학원 첩보를 수집해 오도록 요구하는 '활용', 이른바 프락치 활동을 강요했다.

국방부 과거사진상규명위원회는 다음과 같은 조사 결과를 내놓았다.

강제징집 녹화사업은 5공 정권의 국방부·내무부·문교부·정보기관 등 정부 차원에서 진행된 위법 행위로 국방부를 비롯한 정부 전체 차원의 사과가 있어야 한다. 또한 강제징집·녹화사업이 독재정권에 반대하는 민주화운동 및 학생운동 세력을 탄압하기 위해서 추진되었으므로, 관련 피해자들을 '민주화운동 관련자' 심의 대상이 될 수 있도록 정부와 국회가 앞장서 조치해야 한다.

이같이 조사가 진척된 끝에, 강제징집과 녹화사업 그리고 선도사업에 동원되었던 사람들이, 추모연대의 도움으로 2019년 12월, 50~60대 나이가 되어, 비로소 '강제징집·녹화·선도공작 진상규명위원회'를 구성하고 활동에 들어갔다. 독자적인 위원회를 구성한 이후 이후 진상규명, 국가를 대상으로 한 손해배상, 피해자에 대한 권익향상 등에 대한 활동을 활발히 하고 있다.

이어 강제징집 녹화사업에 대한 조사는 진실·화해를 위한 과거사정리위원회에서 이전보다 발전적으로 이루어졌다. 특히 2기 위원회(2020.12.10.- 2025.5.)는 총 482명에게서 '대학생 강제징집 및 프락치 강요 공작사건 진실규명 신청'을 받아 조사하였다. 조사 결과, 강제징집은 1969년부터 시작하여 제5공화국까지 진행되었고, 녹화공작(사업)은 1982년부터 1984년 12월까지 진행되었다. 1985년부터 1989년까지는 주무부처를 '2처(정보처)'로 옮겨 '녹화공작'에 대한 문제점을 보완한 '선도업무'를 실시하였으며, 그 대상자가 2,981명에 이를 정도로 광범위하게 진행되었다.

2기 위원회는 "국가와 이러한 불법적인 공작에 관여한 국방부, 행정안전부, 경찰청, 교육부, 병무청, 각 대학 등이 '국방의 의무'를 악용하여 귀중한 인권을 심각하게 침해한 사실을 인정하고 피해자들에게 사과해야 한다"라고 하면서, "피해에 대해 실질적으로 회복할 수 있는 조치를 취할 것"과 "강제징집 및 프락치 강요공작의 개인별 피해 사실을 조사할 기구를 설치"할 것을 권고하였다.

아울러 법원도 2020년부터 강제징집 녹화사업에 따른 피해자에 대하여 국가가 위법한 행위에 따른 손해배상 책임이 있다는 판결을 하고 있다.

한영현열사추모사업회 활동

1983년 7월 중순경 한영현의 죽음이 알려졌지만 대부분 이를 믿으려 하지 않았다. 안타깝게도 이와 관련한 정보가 전혀 없었기 때문이다.

1983년 암울한 시기에 이를 이슈화시킨 것은 12월 학원자율화 조치의 일환으로 생겨난 복학대책위원회의 문제제기가 처음이었다. 한양대는 1984년 4월이 되어서야 한양대학교 학원자율화추진위원회를 통해 학내 이슈화가 이루어졌다. 추진위원회는 '누가 한영현을 죽였는가?'라는 유인물을 통해 한영현의 죽음에 대한 진상을 알리고, 강제징집 철폐와 강집된 학생에 대한 탄압중지를 요구하였다.

한영현의 죽음은 한양대에서 학생운동을 고양시키는 계기가 되어 5월 4일 고려대에서 개최된 6개 대학 합동위령제에 많은 이들이 적극적으로 참여하게 되었다.

그러나 1984년 4월 이후 강제징집이 사라지고 학생운동이 대학 내 민주화와 정치사회 민주화를 우선시하면서 이 문제는 수면 아래로 가라앉았다. 다만 탈반을 중심으로 선후배 동기들이 모여 한영현 추모행사를 치르는 정도였다. 1984년부터 탈반 서클룸에 한영현 영정을 걸고 추모하였으며, 11월에는 좀 더 형식을 갖춘 추모식을 열기도 하였다.

1988년 5공 청문회 당시, 국방부가 녹화사업을 공식적으로 인정하면서 한영현을 비롯한 여러 의문사 문제가 부각되었다. 그리고 한영현의 군시절 기록(헌병대 수사보고서, 나의 성장기) 일부가 공개되면서 탈반 후배들의 선배 한영현에 대한 관심이 매우 높아졌다. 이에 탈반은 1990년 2학기에 교육학과 89학번 시순영을 중심으로 탈 창작극을 공연하기로 하고 준비에 들어갔다. 한영현에 대한 자료와 선배의 증언 등을 정리하여 '1983년 7월 2일 매우 추움'이란 제목으로 공연 대본을 완성하고 1990년 10월 31일 총학생회와 동아리연합회의 후원으로 종합체육관에서 공연하였다.

학교를 떠난 탈반 동문들은 한영현의 기일에 모여 간단한 추모식을 진행하였다. 노동운동을 하던 한영현의 동기인 이문범, 현정길, 원두영 그리고 탈반 후배들 여럿이 모였다.

한영현 10주기가 되던 1993년 7월 초, 현정길이 이문범에게 함께 추모식을 하자고 제안하였다. 부산 원두영의 집 옥상에 현정길

등 약 10명이 모여 추모식을 치르며 '그동안 우리가 너무 한영현을 등한시했다'라고 자책하는 말들이 오갔다. 그렇게 자연스럽게, 학교 안에 추모비를 세우자는 이야기가 흘러나왔다.

이문범은 82학번 탈반 이충인과 87학번 전유원을 만났다. 이어서 87학번 최응현 추모비를 학교에 세운 87학번 김재웅을 만나 추모비 설립을 위한 준비 과정에 대하여 설명을 들었다. 본관 뒤편에 있는 최응현 추모비도 둘러보았다. 그리고 한영현 추모비를 1994년 내에 반드시 세우기로 했다.

이를 위한 모임은 1993년 10월 말 다시 이어졌다. 79학번 김광운, 81학번 이문범, 84학번 민만기, 김일권 등이 모여 한영현 추모사업을 진행하기로 했다. 그리고 연말에 민주동문 송년회가 열리면 한영현 추모사업을 제안하기로 하고 준비 작업에 들어갔다. 12월 18일 개최된 한양 민주동문 송년의 밤에 참여한 50여 명은 한영현 추모사업을 범한양 민주동문 차원에서 추진하기로 하였다. 그 구체적인 준비를 위해서 학번별 1인의 연락 책임자를 선출하여 추모비 건립을 위한 초기 작업에 들어갔다.

3월 17일, 우리는 한양대 청년동문회 준비위원회를 만나 한영현 추모사업에 함께해 줄 것을 요청했다. 이에 따라 청년동문회(준)는 3월 24일, 1994년 사업의 일환으로 한영현 추모사업을 공동으로 추진하기로 결정했다.

1994년 4월 24일, '동수선배'라는 곳에서 일일주점을 열었다.

200여 명의 동문과 외부인이 참여하여 성황을 이루었고, 추모비 건립에 필요한 비용이 마련되었다.

  1994년 7월 2일, 한마당에서 공식적인 한영현 추모식을 처음으로 거행하였다. 한양대 동문들 외에도 유가협, 민가협, 연탈에서 오신 분들과 한영현의 형 한강현, 동생 한웅현도 참석하여 총 120명이 함께 추모식을 치렀다. 추모제는 추모사, 추모시(신동호의 '행당산을 위한 노트') 낭독, 추모곡('그리움')과 부활춤 공연 순으로 이어졌다.

  그해 11월 6일, 첫 사업으로 본관 왼쪽 숲(지금의 신본관 자리)에 민주열사추모공원을 조성하기 위해 추모비를 세웠다. 추모비는 79학번 이도흠이 디자인을 맡았다. 한영현이 꿈꾸던 세상을 형상화하고자 했던 이도흠은, 현실의 무게 속에서도 불가능해 보이는 꿈을 지켜내려 애썼던 사람들의 노력을 비에 담고자 했다.

  비의 상단은 한국 탑의 곡선을 따르는 구름을 형상화했지만, 여러 사정 끝에 직선으로 마무리되었다. 비문은 강집의 아픔을 똑같이 체험했던 이문범이 초안을 준비했고, 학번 대표회의에서 열띤 토론 끝에 '강제징집 녹화사업, 내 육신 영혼을 찢는다 해도, 어둠을 뚫고 시대를 넘어, 부활하라 녹두꽃의 상흔이여'로 결정되었다. 그리고 김재웅이 신영복 선생님의 글씨를 받아 비문에 새겼다.

  2007년에 추모비는 처음 있었던 자리를 떠나 한마당에서 인문관으로 올라가는 계단 중간, 박목월 시비 맞은편 숲 입구로 옮겨졌다. 이곳은 2013년이 되어서야 '한양대민주열사추모공원'이라는 공식 명칭을 찾을 수 있었다. 같은 해에 상대 83학번 김헌정의 추모비가 들어서며, 학교 당국이 함부로 해선 안 되는 추모공간임을 천명한 것이다.

문제는 추모집이었다. 80년대 전두환 정권 시절. 자신을 드러내는 순간 혹독한 탄압이 따라붙었기에 기록은 부재하였고, 한영현의 죽음과 관련한 자료는 당시 보안사와 경찰서 등 국가기관이 독점하고 있었다. 그러나 탈춤반 선후배와 동료들의 진술을 모아, 조심스럽게 추모집을 만들기 시작했다.

그 안에는 당시 한양대의 운동 상황, 선후배들의 추모글, 한영현이 신병 중대 전입 당시 작성한 육필 원고 '나의 성장기'가 담겼다. 그의 죽음이 어떤 의미를 지니는지를 해석하고 정리하는 작업도 함께 이루어졌다.

추모비가 세워지기 직전, 가까스로 이 추모집을 완성할 수 있었다.

드디어 11월 6일 한영현 열사 추모비 제막식이 열렸다. 추모사업 경과보고와 추모비 제막 그리고 분향 헌화가 이어졌다. 이어서 열사합동추모제로 전환해 다시 추모시 낭독, 박영기 유가협회장 등의 추모사가 있었고, 추모곡 공연이 펼쳐졌다.

그날의 뒤풀이는 진하고 길었다. 특히 한영현의 동료, 후배들은 속 깊은 한을 풀어내듯이 서로 잔을 권했다.

이렇게 추모비를 세우고 추모 모임을 할 수 있는 장소가 마련되자, 매년 한영현의 기일 전후 토요일에 추모제를 진행할 수 있게 되었다. 추모제는 마음속 상흔이 있기에 엄숙하게 진행되었지만 뒤풀이는 항상 오랜만에 만나는 자리이기에 화기애애했다. 언젠가 원두영이 추모식 전에 "우리 웃으면서 추모제 참가하자, 찡그린 모습 보면 영현이도 싫어할 거야"라고 했지만 그래도 추모제는 시작부터 끝날 때까지 엄숙한 분위기에서 진행되었다.

유가협 회원들의 끊임없는 투쟁 덕분에 2000년 10월, 의문사진상규명위원회가 출범하였다. 이에 한영현의 의문사에 대한 진상을 규명하고자 '한영현 의문사진상규명 진정서'를 2000년 12월 28일에 제출하였다. 진정서 준비는 이문범이 하였고, 한영현의 형 한강현이 진정인으로, 선배 박상대(78), 동기 현정길, 원두영, 이문범, 후배 82학번 이우영, 한기성 등이 공동진정인으로 참여하였다. 진정서에는 한영현이 죽음에 이르게 되는 배경을 우선 서술하고, 한영현의 죽음과 관련하여 조사해야 할 내용, 한영현 사인에 대한 의문점 등을 정리하였다. 이어서 한영현의 민주화운동 내용, 강제징집, 녹화사업, 프락치활동 강요, 가족 비관사로 은폐한 군에 대한 진상규명, 군대가 한영현에 가한 국가 폭력을 밝혀줄 것을 요구하였다.

의문사로 가족을 잃은 유족들은 공동으로 진정서를 접수하기로 했다. 이에 따라 2000년 12월 28일 조계사 근처에 30여 명이 모여 구호를 외치며 의문사진상규명위원회가 있는 광화문 이마빌딩까지 행진하고 진정서를 접수시켰다. 이때 익산에서 올라온 한영현의 아버님과 이문범이 함께하였다.

이 당시 의문사진상규명위원회의 조사는 기무사가 자료공개를 거부하고, 성동서와 당시 보안사 담당자들이 진술을 기피, 왜곡하면서 진상규명을 하기에는 미흡했다. 하지만 한영현의 인천고 친구들의 진술과 207보안부대에서 같이 녹화사업을 받았던 한양대 지상윤(78학번)과 경북대 손호만(78학번)의 진술, 그리고 보안대 사병의 진술 등을 확보함으로써 영현이 녹화사업을 받았고, 프락치 활동으로 휴가를 나오는 등 군 생활에서도 보안사와 성동서의 계속적인 압박을 받았다는 걸 확인할 수 있었다. 이런 증언들을 통해 한영현이 극심한 압박에서 벗어나기 위하여 그리고 프락치 활동에 대한 가장 적극적인 저항의 수단으로 죽음을 선택한 것으로 판단하고, 의문사진상규명위원회는 다음과 같은 결론을 맺었다.

> 한영현의 죽음은 권위주의적 통치 행위(녹화사업)에 대한 소극적인 저항(다른 의미에서의 가장 적극적인 저항)으로 판단되고 이러한 죽음을 통해 녹화사업은 국민적인 저항에 부딪히게 되었고 결국 녹화사업의 시행주체인 보안사 3처 5과(심사과)가 1984년 말 폐과되면서 녹화사업 자체가 폐지되기에 이르렀던

것으로, 한영현의 행위(자살)는 권위주의적 통치에 저항하여 국민의 기본권(정치적 신념의 자유, 양심의 자유)을 신장시킨 민주화운동으로 인정된다.

……한영현은 병역법의 규정에 위반되어 강제 징집되었고, 당시 보안사령부에 의해 시행되었던 소위 '녹화사업'을 통해 입대 전 민주화운동을 같이하였던 동료와 조직에 대한 진술을 강요받았고, 프락치공작을 통해 동료들의 동향을 보고할 것을 강요받게 되자 극심한 죄책감과 인간성 말살 등에 기인하여 결국 사망에 이르게 되었다. 이러한 보안사령부의 행위는 헌법상 국민의 권리인 정치적 소신의 자유, 양심의 자유, 진술거부권 등 자유권에 대한 심각한 침해로 인정되며 한영현의 사망은 공권력의 위법한 행사(녹화사업)와 관련성이 있다고 인정된다.

그리고 이를 바탕으로 의문사진상규명위원회는 민주화운동관련자 명예회복및보상심의위원회에 한영현 및 그 유족에 대한 명예회복 및 보상금 등의 심의를 요청했다.

2000년 초까지 매년 한영현 추모제를 진행하다가 2000년대 중반부터는 한영현 기일 전 토요일에 4.19 때 돌아가신 안경식·정임석 열사, 1990년에 돌아가신 최응현 열사와 함께 한양대 열사합동추모제로 전환하여 매년 추모모임을 진행하고 있다.

이천 민주화운동기념공원이 조성되어 일부 열사가 기념공원으로 이장하였는데, 그 과정에서 한영현도 여기에 안치할 수 있다는 것을 2020년 11월 초 알게 되었다. 한영현을 기억하는 동문들이 급히 움직였다. 가묘에 대하여 한영현 가족의 동의를 받았고, 4월 24일을 가묘 조성일로 잡고 준비에 들어갔다.

한영현이 죽은 지 38년이 되었기에 가묘 조성에 필요한 한영현의 유품이 하나도 남아있지 않았다. 이 때문에 한영현이 죽은 장소와 유골을 뿌렸던 화장터, 한양대학교, 인천고등학교의 흙을 섞어서 유품을 대신하기로 하였다. 가장 큰 문제는 한영현이 사망한 장소가 전방 민통선 내에 있어 출입이 사실상 불가능하다는 것이었다. 특히 코로나 팬데믹 시기였기에 군부대가 민간인 출입을 철저히 통제했다.

방법을 모색한 끝에 청와대 신문고에 민원을 제기하였다. 청와대가 이를 수용하고 제7사단에 연락을 취하여 사망 현장 출입 승인이 이루어졌다.

4월 23일 한양대에서는 현정길, 이문범, 한기성, 홍종혜, 장두영이, 강제징집녹화선도진상규명위원회에서는 박재호(강녹진위원장), 조성무(서울대), 진창원(고려대). 최재관(강원대), 조종주(강녹진사무국장)가 함께하였다. 누군가가 "한영현이 죽은 지 38년 만에 드디어 사슬을 뚫고 한영현을 데리러 전방에 들어간다" "강제징집 녹화사업으로 죽은 지 최초의 일이다"라고 소감을 밝히기도 하였다.

7사단 사령부에 도착해 부사관의 안내로 한영현이 근무했던 민통선 내 부대에 도착했다. 그 부대 내에서도 추가로 안내해 줄 부사관과 합류하여 한영현이 죽은 장소로 출발했다. 그리로 가는 지름길은 한참 전에 폐쇄되었다고 했다. 그래서 더 험한 군사도로를 따라 올라가다 꺾어져 길도 없는 산기슭을 한참 올라갔다. 마침내 막판 급경사를 오르니 조금은 평평한 능선지대가 나타났다.

한영현이 죽은 장소라고 하여 앞을 보니 산병호가 보였다. 그때 좌측으로 커다란 칠점사가 나타났다가 슬금슬금 사라졌다. 산병호 앞 한영현이 분대원과 텐트를 치고 마지막을 보냈을지 모르는 평평한 장소에 간단한 제를 올리기 위해 촛불을 켜려는데, 갑자기 돌풍이 몰아치고 나무가 심하게 흔들렸다.

이문범은 생각했다.

'한영현의 원혼이 근처에서 지내다 반갑다고 나타난 것인가, 아니면 이 전방에서 외로이 지내다 이천민주화공원묘원의 안식처로 떠난다고 좋아서 그런 것인가.'

촛불도 켜지 못한 채 술을 따르고 제를 올렸다. 그리고 낙엽을 걷어내고 '한영현, 영혼이 영면할 이천공원묘원으로 함께 가자'라고 하며 정성스럽게 흙을 종이에 담았다.

이어 춘천 옛 화장터로 갔다. 강원대 출신 79학번과 다른 친구가 기다리고 있었다. 화장터는 상당히 오래전에 남춘천 쪽으로 이전하였고, 재개발을 위해 화장터 인근에 있던 넓은 묘지도 다 이장한 상태였다. 한영현의 형이 한영현을 화장하고 화장터 뒤편 조그만 산에서 유골을 뿌렸다고 했다. 안내를 받아 화장터 뒤편 조그만 산으로 추정되는 장소로 가서 약식으로 제를 지내고 흙을 담았다.

한양대에서는 인문대 지하에 있던 탈반 서클룸 앞에서 흙을 담고자 했으나 데크 길로 변해 불가하였다. 대신 현재 한영현 추모비가 있는 곳에서 흙을 담았다. 그리고 인천고등학교의 땅은 한영현의 인천고 동창이 정성스럽게 흙을 담아 왔다.

4월 24일 가묘 조성은 먼저 추모제로 진행하였다. 한영현 약력 보고와 유가협, 추모연대, 강녹진 대표, 한양대 동문 대표, 인천고 등의 추모사가 있었다. 이어 탈반 후배인 무용과 85학번 김채원이 진혼무 '너를 기리며'를 추어 선배의 넋을 위로해 주었다. 선배의 넋을 위로하면서도 혼을 가묘로 인도하는 춤이었다. 영현이 그토록 좋아하던 탈반, 그 후배로서 선배의 죽음을 애통해하며 추는 춤이기도 했다. 가묘 앞에서도 그 넋을 기리는 마음의 춤은 채원의 손길을 따라 이어졌다.

한복을 곱게 차려입은 채원의 손에 휘감긴 하얀 비단 천이 춤사위 동작에 맞춰 너울거렸다.

이어 네 군데에서 모아온 흙과 동생 한웅현이 가져온 사진 등을 모아 묘에 안장하고 흙을 한 삽씩 쌓아 올렸다.

동생 한웅현이 먼저 술을 올리고 친지, 외빈에 이어 한양대 동문들이 학번별로 술을 올렸다. 이 시간 내내 성악과 92학번 신명섭이 '천 개의 바람이 되어'를 반복하여 불러 한영현의 뜻을 기리고 추모제의 분위기를 고조시켰다.

드디어 구천을 떠돌던 한영현이 편히 쉴 수 있는 유택이 마련되었다. 이로써 한영현의 가족과 한양대 동문들 가슴의 응어리가 조금이나마 줄어들었다.

2023년은 한영현이 죽은 지 40년이 되는 해였다. 7월 1일 이천 민주화공원묘역에서 추모행사를 진행하였다. 유가협, 추모연대, 강녹진, 각 대학 강집자와 학교 동문 등 60여 명이 함께했고 유가족으로 동생 한웅현이 참석했다. 각 단체의 추모사에 이어 동생 한웅현이 형에게 못다 한 이야기를 전하였고, 한영현이 휴가 복귀 직전 같이 불렀던 '기러기'를 다함께 불렀다.

글을 마무리하며

녹화사업
말 없는 고문, 보이지 않는 전향의 기획

1980년대 대한민국은 진실을 말하는 입을 막고, 생각하는 정신을 꺾는 시대였다. 총칼로 시작된 권력은 생각까지 침범했고, 생각은 늘 의심받았다. 한영현은 그 한복판에 있었다.

한영현이 강제징집되던 해, 책 읽고, 춤추고, 질문 던지는 청년들은 정권에게 가장 두려운 존재였다. 그들이 퍼뜨리는 사상, 조직, 연대, 심지어 말 없는 연대의 분위기조차 위협으로 여겨졌다. 그 위협은 총칼로도 해결되지 않았다.

그래서 '녹화사업'이 만들어졌다. '녹화'라는 단어로 아름답게 포장했지만, 그 뒤엔 폭력과 공작이 숨어 있었다. 폐쇄된 공간에서, 기록도 없이, 인간을 해체하고 재조립하려 했던 거대한 통제 실험이었다. 정권은 젊은 운동가들을 강제로 징집해 군대라는 감옥에 가두고, 신문하고, 압박하고, 죄책감을 심어 정보 제공자로 만들려고 했다.

한영현 역시 대상이었다. 보안사 심사과는 그를 끌고 가서 기록에 남지 않는 신문과 고문을 자행했다. 그는 보안사로부터 '활용 가능한 인물'로 분류되었고, 정확한 진술과 동료들의 활동을 제출하라는 지시를 받았다. 청력 손상과 손목의 자국은 고문의 흔적이었지만, 더 고통스러웠던 건 누군가의 목소리를 담아야 한다는 굴욕감이었다.

한영현은 견디지 못했다. 동료들에게 죄책감을 토로하고, 담배를 피우며 입술을 깨물었다. 휴가 중에도 마음의 감옥에서 벗어나지 못했다. 그의 죄라면 국가가 조작한 정체성의 변형을 거부한 것뿐이었다.

보안사는 그를 전향시키는 데 실패했다. 1983년 7월 2일, 참호 안에서 그는 홀로 총구를 입에 물었다. 마지막 선택이었다. 몸은 무너지고 뇌수는 흩어졌지만, 그가 지키려 했던 침묵은 총성보다 더 크게 울렸다. 그에 대한 활용 보고서는 몇 줄의 어설픈 글로 채워졌다.

녹화사업은 결국 실패했다. 1984년, 강제징집자 중 6명이 의문사했다는 사실이 밝혀지며 사회적 분노가 일었다. 보안사 심사과는 해체되고 사업은 폐지되었다.

하지만 이미 너무 많은 이들이 이름 없이 부서져 있었다. 침묵하는 사람들, 자신이 누구를 밀고했는지조차 기억하지 못하는 사람들 그리고 목숨을 버려서라도 자신을 지키려 했던 사람들.

한영현은 이 실패한 실험의 가장 정직한 증거였다. 국가는 그에게 순응을 요구했지만, 그는 끝내 자신의 마음속 중심을 내주지 않았고, 그로 인해 죽었다.

녹화사업은 폭력보다 더 치밀하고 무서운 장치였다. 몸이 아니라 생각을 통제하려 했고, 칼이 아니라 죄책감으로 사람을 조종하려 했다.

그 시도는 실패로 끝났지만, 과정에서 수많은 무고한 사람들의 시간과 존재가 잊혔다. 우리는 그중 한 명, 한영현을 기억한다. 그의 침묵은 어떤 말보다도 컸고, 그의 죽음은 여전히 우리에게 질문을 던진다. 한 사람의 생각과 신념을 바꾸기 위해 국가는 어디까지 개입할 수 있는가?

그리고 우리는 이 질문 앞에서 그 모든 희생을 반드시 기억하고, 되풀이하지 않도록 노력해야 할 것이다.

천 개의 바람 -엮은이의 말

기억과 진실을 찾아가는 출발점

처음 세 개의 꼭지를 써놓고는 오랫동안 한두 줄조차 잇지 못했다. 선배에 대한 평전이라는 책임감, 잘 써야 한다는 부담이 컸다. 무엇보다 한영현 선배가 어떤 마음으로 그 시기를 견뎠는지, 그의 내면을 충분히 이해하고 표현하기 어렵다는 한계가 가장 큰 고민이었다. 처음으로 쓰이는 그의 평전에서, 내가 그의 생각과 행동을 단정하는 것이 이후 해석으로 굳어질까 조심스러웠다.

'잘 읽혔으면 좋겠다'와 '그 시대를 잘 이해시켰으면 좋겠다'는 두 가지 바람으로 글을 엮었다. 가능한 한 객관적 사실 위주로 담담하게 서술하려 했으나, 영현 선배의 이야기를 더 많은 사람에게 전하고 싶다는 마음에 글의 형식과 구성에도 여러 장치를 고민하게 됐다. 서두와 말미에는 소설적인 구성을 일부 도입했고, 시대를 이해시키기 위한 상황 설명이 더해지면서 글의 전개가 다소 복잡해졌다. 전언과 사실을 구분하려고 하다 보니 시점도 일부 섞였다.

과도한 묘사는 어떤 독자에게는 불쾌함을 줄 수도 있다. 반대로 시대 상황에 대한 장황한 설명은 글의 흐름을 끊었을지도 모른다. 두 마리 토끼를 모두 잡기엔 역부족이었다. 이 모든 점은 글을 엮은이의 역량이 부족했던 탓이라 생각하며, 이 자리에서 사과드린다.

한영현 선배는 훈련소를 마치자마자 녹화사업 대상이 되었는데, 이는 강제징집자 중 유일한 사례다. 서문에서도 밝혔듯, 40여 년이 지난 지금까지도 그의 죽음과 관련된 진실은 명확히 드러나지 않았다. 그 무게가 여전히 마음을 짓누른다.

한강 작가는 "과거가 현재를 도울 수 있는가? 죽은 자가 산 자를 구할 수 있는가?"라는 질문을 던진 바 있다. 이 물음은 긴 여운으로 다가왔다. 공교롭게도 한영현 선배의 유택이 만들어진 날, 신명섭이 부른 '천 개의 바람이 되어'는 그 물음의 응답처럼 들렸다.

죽은 사람이 남은 사람을 위로하고, 언제나 곁에서 지켜주겠다는 사랑과 격려의 마음이 담긴 이 노래를 엮은이의 말 제목으로 선택했다. 한 사람의 삶이 끝난 자리에 남겨진 이들은 무엇을 기억하고, 어떻게 살아야 할지를 생각하게 했다. 노래는 끝났지만, 바람은 머물렀다.

이 평전은 한영현 선배를 기리는 글이지만, 동시에 그 시대를 함께 고민하고 실천했던 이들의 기록이기도 하다. 그들 모두 함께 기억되기를 바란다.

아무것도 없던 자리에서 처음 힘을 짜내 써 내려갔다. 무엇인가 남겨야 다음 세대가 그것을 비판하고 수정할 수 있으리라는 믿음으로 시작했지만, 완성된 결과물을 바라보면 여전히 부족하고 부끄럽다. 이 글이 기억과 진실을 찾아가는 출발점이라는 위안으로 삼고, 이 기록을 다음으로 이어갈 누군가를 기다리며 이 번잡한 후기를 마친다.

글을 쓰는 내내 문범 선배는 좋은 길잡이가 되어 주셨다. 시간이 흐르며 엉켜버린 기억들 속, 방향을 잃을 때마다, 어찌 아셨는지 먼저 전화를 주셨다. 매번 한 시간 넘는 통화와 만남 속에서 의문을 하나하나 풀 수 있었다.

바쁜 와중에도 글을 읽고 조언을 아끼지 않았던 후배 정혜와 동기 종혜에게 감사한다. 그리고 이 모든 작업이 마무리될 수 있도록, 가끔 꿈에 찾아와 주신 영현 선배의 평안을 기원한다.

일러두기

1. 이글에 등장하는 인물 중 이종수, 이형진, 박혜영, 권영숙, 한경희는 실명이 아니다.
2. 엮은이는 한영현의 삶 자체가 부조리한 지배 권력에 저항하는 한판의 '탈춤'이었음을 상징하고자 글을 구성했다. 글을 나누는 장의 구분은 봉산탈춤의 마당을 따랐으며, 장에 속하지 않는 별도의 구성은 탈춤의 추임새인 불림으로 구분하였다.
3. 한양대 학내 시위와 학생운동권의 흐름은 이문범의 기억과 기록에 의지하였다.
4. 한영현은 자신의 흔적을, 야학 활동을 하며 스스로 지워나갔다. 자료와 사진 등은 그가 손수 파기했다. 그의 짧은 생애를 복원하기 위해 친구와 가족, 동료의 기억을 더듬었지만, 산화 이후 20년이 지나서야 객관적인 조사가 이루어졌기에 기억은 흐려지고 시간은 뒤섞였으며 서로 엇갈리는 증언도 많았다. 그래서 이 글을 엮는 내내 '무엇이 진실인가'를 오래도록 되묻게 했다. 혹여 사실과 어긋난 부분이 있다면, 그것은 모두 엮은이의 부족함 때문이다.
5. 1980년대 민주화운동의 흐름과 평가는 유경순의 '1970년대 학생운동과 노동운동', 그 외 많은 관련 자료를 참고하여 재작성하였다. 혹여라도 그분들의 노작에 흠이 가지 않기를 바란다.
6. 낙양동천이화정, 불림에 나오는 글은 추모집에 기재된 이우영의 글을 재작성했다.
7. 흑운이만천천불견, 불림은 성동서 정보과 이종수 형사가 의문사진상구명위원회에서 진술했던 녹취와 진술조서를 재구성했다. 이종수는 한영현의 군부대 방문 사실에 대해 처음에는 기억이 나지 않는다고 부인했다. 조사관이 집요하게 추궁하자 마지못해 시인했는데, 여전히 한영현이 친구들에게 말했던 고문 또는 조사 내용과는 배치되는 점이 있다.
8. 소상반죽 열두 마디, 불림은 강제징집과 녹화사업에 대해 설명하는 내용이다. 소상반죽(瀟湘斑竹)의 유래에서, 눈물과 얼룩의 의미를 떠올렸다. 지워지지 않는 얼룩이, 끝내 말하지 않기 위해 남겨 두는 것이라면, 녹화사업을 겪어낸 사람들의 마음속 상처가 그러하지 않을까 하는 의미를 담아 불림의 제목으로 삼았다.
9. 그러면 그렇지 영락 아니면 송락이라, 불림에서 영락(零落)은 '떨어져 쇠락한다"는 의미이고 송락(松蘿)은 '소나무(松)에 사는 담쟁이덩굴(蘿)' 또는 이끼로, 자신의 의지 없이 다른 것에 기대어 겨우 목숨만 부지하는 처지를 말한다. 이렇게 보면 불림의 전체 뜻이 국가의 폭력 앞에 놓인 개인의 절망적인 선택지를 압축해서 보여준다. 보안사 심사와 조성원과 최옥회는 의문사 진상규명위원회에서 한영현을 심사했고 프락치 활용을 했다고 진술했다. 특히 조성원은 한영현은 사단 보안부대의 조사 이전에 보안사 진양 분실에서 조사를 먼저 했다고 진술을 했다. 녹화사업 전체를 통틀어 전례가 없었던 일이라 이 점은 중요하다. 그러나 이 시점과 내용 역시 명백히 밝혀지지 않았다.
10. 이우영과 김인서는 한영현이 5월 초와 6월, 두 번의 휴가를 나왔다고 기억하고 있다. 또 휴가 기간에 대한 다른 진술도 있다. 이종수는 포상 휴가를 마친 영현이 정기휴가를 10일 정도 나왔으며, 그때 보안사 요원이 동행했다고 진술했다. 동생 웅현도 비슷한 기억이 있다. 한영현의 휴가 횟수와 기간, 보안사의 가혹행위 여부와 내용, 모두 명확히 알려진 내용이 없다. 기억과 전언이 조금씩 차이가 있지만 상충하지 않는 범위에서 그대로 기술하였다.

한영현 관련 일지

1. 한영현과 한양대 학생운동

1962.3.1.	인천 동구 만석동에서 4형제 중 둘째로 출생
1981.2.	인천고등학교 졸업
1981.3.	한양대 공대 4년 장학생으로 입학
1981.5.	민속문화연구회(일명 '탈반') 가입
1981.7.	대학생탈반연합회 활동 시작
1981.10.21.	한양대 체육행사 때 일명 '타잔시위' 발생, 한영현 함께하다
1982.3.	한양대 학생처 탈반 등록 거부, 운사에 가입하여 활동
1982.12.초	공대 이전 반대 시위, 한영현 함께하다
1982.12.초	한양대 언더팀 유인물 배포
1983.1.	한영현 검거 시작(유인물 배포자로 지목)
1983.2.	중순경 한영현 검거
1983.3.2.	원두영, 이태문과 지도휴학 받음
1983.3. 28.	한양대 1차 유인물 배포(전두환 파쇼집단을 타도하자)
1983.4.2.	한영현, 원두영, 이태문 강제징집
1983.4.초	유인물 사건 조사로 탈반 팀방 털림(현정길, 이충인, 한기성, 이우영 등 연행)
1983.4.15.	2차 유인물 배포(4.19혁명 23주기를 맞이하여 한양 학우에게 보내는 글)
1983.4.15.	성동서 형사 2명 7사단 훈련소 방문하여 조사 --> 녹음테이프
1983.4.20.	무렵 성동서 현정길 조사
1983.4.21.	한영현 일주일간 보안사 조사받음(심사, 순화)
1983.4.	하순 현정길, 데모팀에 합류
1983.5.2.	3차 유인물 배포(민주화의 봄은 아직 멀었는가, 광주시민의 영령 앞에 엄숙히 묵념하자)
1983.5.9.	이주항, 김응선, 현정길 시위 주동하고 구속됨
1983.6.초	언더팀 4차 유인물 작업(1학기 정리 유인물)
1983.6.초	성동경찰서 한영현 군부대 다시 찾아가 면회함
1983.6.15.-21.	한영현 활용(프락치)으로 휴가 나와 이우영 만나고, 고등학교 친구 등을 만나서 죽음 암시하며 녹화사업으로 휴가 나왔음을 밝힘,
1983.6.하순	소대장, 중대장 면담에서 의가사제대 요청
1983.7.2.	진지 산병호에서 사망

2. 한영현 죽음 이후 진상규명과 추모

1984년 1월	복대위 군 의문사 문제 제기
1984년 3월	기독교단체, 국회에 군 의문사 제기
1984년 3월	김병오 의원 강제징집과 군 의문사 제기
1984년 4월	한양대 한영현 의문사 제기하며 유인물 배포 '누가 한영현을 죽였는가?'
1984년 5월 4일	고려대 6인 합동추모제 5,000여명이 모여 강제징집 철폐 요구하며 철야농성
1984년 11월	강제징집 공식 폐지
1984년 12월	보안사 심사과 폐지 정보처로 이관되어 선도업무로 전환
1985년 4월 17일	고려대 문무대 사건 강집자 6인 합동추모비 건립
1990년 10월 31일	한영현 추모극 '1983년 7월 2일 날씨 매우 추움' 공연
1993년 7월 초	부산에서 합동추모모임 추모비 건립 협의
1994년 3월	한양대 앞 '동수선배'에서 추모비 건립기금 모금 일일주점
1994년 7월 2일	한영현 11주기 추모제(한마당) 유가협, 민가협, 한영현 가족 등 120여 명 참석
1994년 11월 6일	유가협 박정기 회장 등 내외빈 200여 명이 모여 한영현 추모비 건립 및 추모집 발간
1995-2000년 초	매년 추모식 가짐
2000년 12월	의문사진상규명위원회에 진정
2002년 11월	민주화운동 관련 사망자로 명예회복
2000년대	중반부터 4.19열사, 최응현 등과 합동추모제로 진행
2018년	군 순직자로 인정
2021년 4월 24일	죽은 장소와 화장터, 대학교, 고등학교의 흙을 모아 이천민주화공원 묘원에 안장
2021년 2월	진실화해를위한과거사정리위원회에 진실규명 요청
2023년 7월 1일	제40주기 추모식 이천 추모공원
2025년 6월 28일	한영현 평전 발간

사진으로 남은 한영현

6인 공동위령제 및 강제징집 철폐시위(1984년 5월4일): 교내를 돌며 강제징집 철폐시위 중

6인 공동위령제 및 강제징집 철폐시위(1984년 5월4일): 강제징집 사망자에 대한 추모행사

고려대 진혼비 건립(1985년 4월 17일)

한영현 추모비 설립을 위한 일일주점(1994년 4월24일): 탈반 전유원(87)이 일일주점 취지에 대하여 설명하고 있다.

한영현 추모비 설립을 위한 일일주점(1994년 4월24일): 일일주점 노래패공연

한영현 추모비 제막식 (1994년 11월 6일): 한영현의 넋을 위로하는 진혼무

한영현 추모비 제막식 (1994년 11월 6일): 한영현 동문들이 추모비에 헌화하고 있다

2016년 6월 25일 제23회 한양대민주열사 합동추모제

2020년 6월 27일 한양대 민족민주열사 합동추모제

한영현 가묘 조성 사전작업 (2021년 4월 23일): 한영현 사망 장소 (화천 상서면 산복리 어두운골 백암산 기슭)로 출발하기 전 사진

한영현 가묘 조성 사전작업
(2021년 4월 23일):
사망 장소에 도착하여 간단히
제를 지내다.

한영현 가묘 조성 사전작업
(2021년 4월 23일):
한영현이 죽은 장소로 추정되는
산병호

한영현 가묘 조성 사전작업(2021년 4월 23일): 한영현의 영혼이 깃든 흙을 담고 출발 전 사진

한양대 한영현추모비 앞에서 흙을 담다 (2021년 4월 23일).

한영현 가묘 조성 사진 (2021년 4월 24일): 가묘 조성 전 모습

탈반 후배인 김채원(85)이 진혼무 '너를 기리며'를 추고 있다.

동문과 외빈이 묘소에 참배하고 있다.

한영현 40주기 추모식
(2023년 7월 1일)

40주기추모식을 마치고 단체사진(2023년 7월 11일)

제33회 민족민주열사·희생자 범국민추모제(2024년 6월 6일)

한영현과 최온순(동국대 강집 사망자) 영정 사진

한영현 열사 관련 자료

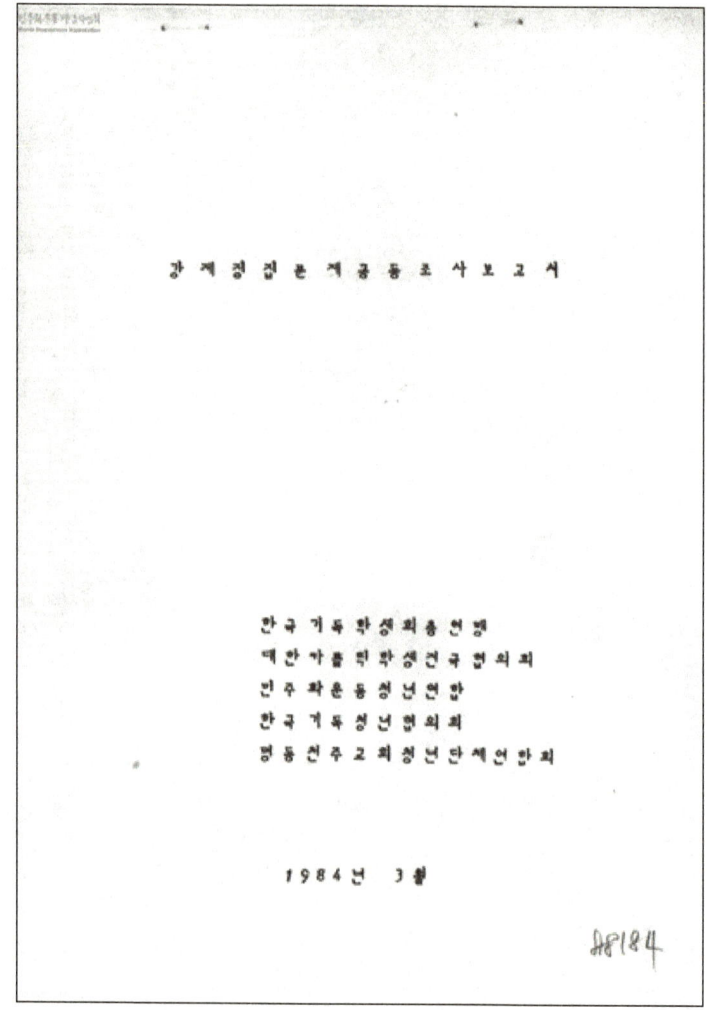

강제징집문제공동조사보고서 표지(1984년 3월 발표)

8개단체로 구성된 강제징집문제 대책위원회 발족시 자료집 표지(1984년 4월)

1990년 10월 31일 탈반 공연 포스터

탈 공연 대본

1982년 7월 2일 가끔 흐림

＊시위현장 마당 : 81년 한대 타잔사건
　81년 한대타잔사건을 그리면서 당시 시대상황을 개략적으로 드러냄. 나무 위에 올라가 구호 외치고 유인물 뿌림.

＊성동서 조사마당 : 83년 3월
　선배와 동료들의 활동내용을 진술토록 강요당함. 회유, 협박속에서 강제징 집의 단서가 보임.

＊학내 마당 : 82년 겨울
　동료들이 모여 앞으로의 자신의 전망과 결의를 밝히는 장면. 시대를 극복 하고 떨쳐 나서는 모습. 고뇌와 동지애 그려짐.

＊군보안대 조사마당 : 83년 4, 5월
　군에 끌려와 프락치 활동을 강제받음. 굴하지 않는 모습속에서 처절한 고 통의 모습. 현정권의 본질과 시대상황 나타남.

＊휴가마당 : 83년 6월
　강집된 학생의 고초 역력. 동료들 만나 절규의 몸부림.

＊죽임춤
　역사의 고뇌와 외부 압력 가해지는 상황에서 죽임당하는 모습을 춤으로 형상화.

＊부활과 계승의 춤
　녹두꽃 깔리면서 전체 등장인물 모두 등장하여 힘찬 춤.

탈반 공연 내용 설명 (제목이 '1983년 7월 2일 매우 추움'에서
'1982년 7월 2일 가끔 흐림'으로 변경되었다. 1982년은 1983년의 오기로 보인다.)

- 일 시 : 통일원년 50년 4월 24일 일요일 (12시부터)
- 장 소 : 동수선배 (☎295-6447)
- 주 최 : 故 한영현 열사 추모 사업회 준비위

　우리는 매번 힘든 고비들을 헤쳐서 현재의 지점에 도달했습니다. 현재의 역사를 잠시만 돌이켜 보더라도 광주민주화 항쟁으로부터 전두환 군사정권의 폭압에 맞선 6월항쟁의 함성으로 정국을 투쟁의 전장으로 만들었고 7,8월 노동자 대투쟁으로 우리 운동사를 성큼 전진시켜 놓았던 벅찬 기억도 있습니다. 그리고 승리의 목전에서 우리 스스로의 분열로 말미암아 좌절됐던 뼈아픈 기억도 있습니다.
　그러나 지금 본질이 변한것은 없지만 소위 문민정부라하여 갈팡질팡하는 경우도 많습니다. 그리고 열심히 일했던 동료들과도 멀리하고 투쟁의 선봉에 서다 산화해가신 분들도 점차 잊어가고 있습니다.
　이러한 우리들의 모습들은 그간 조국의 민주화와 통일을 위해 자신의 몸을 내던졌던 분들에 대한 도리가 아니라고 생각하며 우리가 어떠한 위치에 있던 그리고 어떠한 일을 하던 지난날의 소중한 기억을 되살려 함께 다 못한 과제를 수행하도록 노력해야 하겠습니다.
　이에 그간 조국의 민주화와 통일을 위해 고민했던 동료들과의 만남의 자리를 마련하여 지난 날의 기억을 되새기고 앞서 산화해 가신 분들을 기리기 위해 한영현열사의 추모비 건립을 위한 하루 주점을 마련했으니 부디 참석하시어 자리를 빛내주시기 바랍니다.

행- 진행 사항보고
　　문 화 행 사
　　17시 민주동문회 회장 인삿말

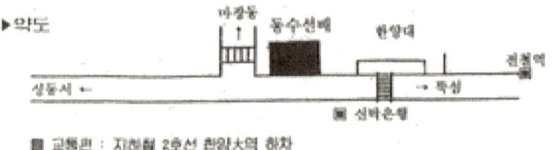

故 한영현 열사추모비 건립을 위한 하루주점 티켓(1994년 4월 24일)

< 모시는 글 >

세상이 변해 우리의 기억에서 잊혀져 가고 있다 해도
세월이 흘러 우리의 뇌리에서 빛바랬다 해도
살아남은 우리들은 잊어서는 안될 이름들을 늘 불러봅니다.
故 한영현열사의 11주기를 맞아
비록 늦었지만
소박하게 추모제를 지내고자 합니다.
부디 참석하시어 자리를 빛내 주십시오.

<식 순>

-. 개회
-. 민중의례(묵념)
-. 님을 위한 행진곡 제창
-. 사망경위 및 추모사업 경과보고
-. 추모사
-. 추모시
-. 추모곡 ● 일시: 1994년 7월 2일 (토) 오후5시
-. 부활춤 공연 ● 장소: 한양대학교 한마당(학생회관 앞)
-. 유가족 말씀 ● 주최: 한영현열사 추모사업회
-. 헌화 및 분향(추모곡) ● 후원: 한양대 대학원 총학생회
-. 폐회   애국한양 제22대 총학생회
-. 뒷풀이   애국한양 청년동문회(준)

故 한영현열사 11주기 추모제

한영현열사 추모사업회
서울시 성동구 행당동 17 한양대학교 제2학생회관(희녀관) 2층
TEL: 290-1697, 296-9176
우편번호 : 133-791

故 한영현 열사 11주기 추모제 모시는 글(1994년 6월)

故 한영현 열사 11주기 추모제 자료집 표지 (1994년 7월 2일)

행당산을 위한 노트

신동호

1. 언덕위에서

시작이 있었고 해마다 언덕을 오르는 스무살 청춘들이 있었고
매콤운 북채를 통해 전해오던 마음이 있었습니다

문을 열면, 저무는 서녁하늘에 붉게 물든 산자락이 보이고 풀꽃 내음이 바람에 실려오고 벗들이 하나둘 모이고 풀꽃은 해마다 언덕에 피었습니다

그 어디인들 자기들만의 역사가 없겠습니까 더군다나 소중하지 않은

낯선 모습들이 어느새 정다워지고 때론 떠나가고 돌아오고 삶처속에서 절망하고 혹은 상처위에 새살이 돋아 성숙해지고

벗들의 까닭모를 저항으로 북이 찢어지고 땀방울을 먹이며 다시금 가죽을 담기고 그리고 그런 새얼굴 하나의 정신을 남겼습니다

행당의 언덕위에서

시작이 있었고 한 시대의 정점에 서기까지 쌓아온 벗들의 아픈 살림이 있었습니다 행당의 역사가 거기에 있었습니다 남겨진 것들, 해마다 피는 풀꽃과 낡은 책상과 북채가 전해주는 정신을 알게 모르게 마음에 품으면서 우리가 거기 있었습니다

2. 진사로

얼마만큼은 잊혀지는 것이 당연하기도 하겠지만
여전히 펼쳐지는 풍경들이 있습니다
버드나무 밑둥 아래에서 누군가를 기다리는 풍경
그곳에 오래 기다린 사람들이 남긴 흔적들
비내리는 아침이면 함께 씻겨내려는가던 진사로의 상처들, 청춘의 사색과 아픔 그리고 희망의 노래들
마을의 고샅길처럼 나무를 심고 나무 아래에서 나누던 이야기
진사로에는 만남이 있고 이별이 있고 투쟁과 함성이 있고
이 길위에 서면 행당의 긴 족적이 보입니다
임종석이가 이 길을 걸어 공대로 갔고 김재용이가 이 길을 걸어 상대로 갔고 김종식이가 이 길을 사회대로 갔습니다
지금도 가고 가고
그러나 임종석이가 이 길을 가기전에 김재용이가 이 길을 가기전에

한영현 열사 11주기 추모제, 신동호 추모시 '행당산을 위한 노트'(1994년 7월2일)

김종식이가 이 길을 가기전에
  이 길을 가던 사람들 사람들
  진사로는 기억합니다 잊지않습니다
  너럭바위에 앉았던 사람들의 온기
  그리고도 오랫동안

3. 한영현
무어란 말입니까 시대를 비껴가며 산다는 것은
시대의 한복판에 내리는 비를 맞으며 부는 바람에 몸을 내맡겨 산다
는 것은
무어란 말입니까 잊혀진다는 것은 기억하며 산다는 것은
무어란 말입니까
비상조치가 있던 시절 비상조치에 쫓겨보지 않고서
녹화사업이 있던 시절 녹화사업 대상에 들어버지 않고서
국가보안법이 여전한 시절 국가보안법의 족쇄에 묶여보지 않고서
그것을 비껴 기댄 곳에는 언제나 안식의 미래가 있겠지만
기꺼이 그 안에 산다는 것은 역사를 사는 것이겠습니다
시대의 접점에서
비껴살지 않았던, 기억하며 오늘의 우리를 돌아보게 하는 이름
그 이름을 불러봅니다
한영현
열아홉의 인생을 열아홉답게 살았고
스무살의 인생을 스무살답게 살았던
자신의 미래 안식의 미래를 살지 않았던, 그렇게 가고만
행당의 언덕과 진사로가 기억하는 이름
한영현
오늘 우리들의 모습과 전혀 무관하지 않은 이름
오늘 그 이름은 우리의 이름이 되어가고 있습니다
오늘 그와같이 비껴살지 않은 이들에 의해서
행당의 역사가 나라의 역사가 되고 세계의 역사가 되는 미래
그런 미래를 만드는 이들에 의해서
그런 역사가 있는
행당산에서.

한영현 열사 11주기 추모제, 신동호 추모시 '행당산을 위한 노트'(1994년 7월2일)

故 한영현 열사 11주기 추모제 추모곡 '그리움'(1994년 7월2일)

故 한영현열사 11주기 추모제

〈식순〉
-. 개회
-. 민중의례
-. 님을 위한 행진곡 제창
-. 사망경위 및 추모사업 경과보고
-. 추모사
-. 추모시
-. 추모곡
-. 헌화 및 분향
-. 부활춤
-. 폐회
-. 뒷풀이

일시 : 1994년 7월 2일 (토) 오후 5시
장소 : 한양대학교 한마당

한영현열사 추모사업회
우편번호:133-791
서울특별시 성동구 행당동 17 한양대학교 제2학생회관(직녀관)2층
TEL:290-1697, 296-9176

故 한영현 열사 11주기 추모제 식순 (1994년 7월 2일)

부활하라 녹두꽃의 상흔이여!!

한영현 열사 안장식

- 주최 : 한양대 민주청년동문회
- 일시 : 2021년 4월 24일(토) 오전 11시
- 장소 : 민주화운동기념 공원

2021년 4월 24일 故 한영현 열사 안장식

故 한영현 열사 40주기 추모제 자료집 표지(2023년 7월1일)

추모시

이제는 돌아오세요

조종주

우리가
끌려갔던 그곳에서 만신창이가 되어 돌아올 때
형은
'나는 이곳에 영원히 남겠다'고 했지요.

우리가
홍제원의 냇물에 몸을 씻고
40년 시간을 애써 '환향녀'로 살아올 때
한영현, 우리를 사랑했던 당신은
봄꽃 맘껏 피워올리고 여름 잎 무성한
한 그루 청청한 나무로 남았지요.
굳이 쓸쓸한 그곳에.

형을 두고 온 그곳을
38년이 지난 어느 봄날 다시 찾았을 때
한영현, 우리가 사랑하는 당신은
다람쥐와 산새의 눈으로 우리를 바라보고
새싹 돋는 나무의 연둣빛 모습으로 우리를 반겼지요.
산허리 감아 도는 바람 소리로 우리의 이름을 불렀지요.

수십 년 인적이 끊겨
겨우 흔적만 남은 낡은 참호
그곳을 가득 채운 마른 낙엽
형은
사박사박 발끝 낙엽 소리로
홀로 지낸 38년 세월을 이야기해 주었지요.
언제나 보고 싶었다고.

38년 만에 형을 다시 만난 우리는
차마 그곳에 형을 혼자 두기 싫어
이제는 형과 같이 그곳을 벗어나고 싶어
형의 뜨거운 심장,
형의 뜨거운 손짓,
형의 뜨거운 음성을 겨우 한 줌 담아
이곳 이천에 모셨지요.

사랑하는 형,
내일이면 형이 그곳에 남은 지 꼭 40년
이젠 이곳으로 오세요.
사랑하는 벗들 곁으로 돌아오세요.
그곳에는
한 줌 바람과 풀과 나무,
노래하는 새와 사박거리는 낙엽으로만 남으시고
스물 한 살 청년,
큰 키와 밝은 미소 그대로
다시 우리 곁으로 오세요.

백발 성성한 우리 사이에
늙어버린 몸에 갇히지 않아 여전히 젊은
스물 하나 밝은 웃음, 청년 그대로 오세요.
다시 민주주의를 향해 활짝 웃는
사진 그 모습 그대로
이제는 돌아오세요.

형이 떠난 지 40년을 하루 앞둔 2023년 7월 1일,
여전히 우리 곁을 지키고 계신 한영현 선배님의 모습을 항상 기억하는

후배 조종주(강녹진 사무처장)가 썼습니다.

故 한영현 열사 추모시 '이제는 돌아오세요' (2023년 7월1일)